Jacques Cartier, 1491-1557.
Lithographie d'après une peinture de Théophile Hamel (1846).

André Berthiaume

André Berthiaume est né à Montréal. En plus de collaborer à diverses revues comme critique ou écrivain, il a publié un roman, *La fugue* (Prix du Cercle du livre de France, 1966), un essai sur les récits de voyages de Jacques Cartier et quatre recueils de nouvelles, dont *Incidents de frontière* (Leméac, 1984) qui lui a valu le prix Adrienne-Choquette ainsi que le Grand Prix de la science-fiction et du fantastique québécois.

À l'Université de Tours, en 1969, André Berthiaume a obtenu un doctorat en littérature française de la Renaissance avec une thèse sur les *Essais* de Montaigne. Depuis plus de vingt ans, il enseigne à l'Université Laval. Il est aussi membre du collectif de rédaction de la revue *XYZ* consacrée à la nouvelle ; c'est chez XYZ éditeur qu'il a publié son plus récent recueil, *Presqu'îles dans la ville* (1991).

Dans la même collection

1. Louis-Martin Tard, *Chomedey de Maisonneuve. Le pionnier de Montréal.*
2. Bernard Assiniwi, *L'Odawa Pontiac. L'amour et la guerre.*
3. Naïm Kattan, *A. M. Klein. La réconciliation des races et des religions.*
4. Daniel Gagnon, *Marc-Aurèle Fortin. À l'ombre des grands ormes.*
5. Mathieu-Robert Sauvé. *Joseph Casavant. Le facteur d'orgues romantique.*
6. Louis-Martin Tard, *Pierre Le Moyne d'Iberville. Le conquérant des mers.*
7. Louise Simard, *Laure Conan. La romancière aux rubans.*
8. Daniel Poliquin, *Samuel Hearne. Le marcheur de l'Arctique.*
9. Raymond Plante, *Jacques Plante. Derrière le masque.*
10. André Berthiaume, *Jacques Cartier. L'inaccessible royaume.*
11. Pierre Couture, *Marie-Victorin. Le botaniste patriote.*
12. Louis-Martin Tard, *Michel Sarrazin. Le premier scientifique du Canada.*

Jacques Cartier

La publication de cet ouvrage a été rendue possible grâce à l'aide financière du ministère du Patrimoine canadien par l'entremise du Programme d'aide au développement de l'industrie à l'édition (PADIÉ), du Conseil des Arts du Canada (CAC), du ministère de la Culture et des Communications du Québec (MCCQ) et de la Société de développement des entreprises culturelles (SODEC).

Dépôt légal: 2e trimestre 1996
Bibliothèque nationale du Canada
Bibliothèque nationale du Québec
ISBN 2-89261-163-6

Distribution en librairie:
Au Canada:
Dimedia inc.
539, boulevard Lebeau
Ville Saint-Laurent (Québec)
H4N 1S2
Téléphone: 514.336.39.41
Télécopieur: 514.331.39.16
Courriel: general@dimedia.qc.ca

En Europe:
D.E.Q.
30, rue Gay-Lussac
75005 Paris, France
Téléphone: 1.43.54.49.02
Télécopieur: 1.43.54.39.15
Courriel: liequebec@cybercable.fr

Conception typographique et montage: Édiscript enr.
Maquette de la couverture: Zirval Design
Illustration de la couverture: Francine Auger
Recherche iconographique: Michèle Vanasse

CARTIER

Jacques

LES GRANDES FIGURES

L'INACCESSIBLE ROYAUME

XYZ
éditeur

Du même auteur

La fugue, récit, Montréal, Cercle du livre de France, 1966. Prix du Cercle du livre de France.

Contretemps, nouvelles, Montréal, Cercle du livre de France, 1971.

La découverte ambiguë, essai sur les récits de voyages de Jacques Cartier et leur fortune littéraire. Montréal, Pierre Tisseyre, 1976.

Le mot pour vivre, nouvelles, Sainte-Foy/Montréal, Éditions parallèles/Parti pris, 1978.

Incidents de frontière, nouvelles, Montréal, Leméac, 1984. Prix Adrienne-Choquette ; Grand Prix de la science-fiction et du fantastique québécois.

Presqu'îles dans la ville, nouvelles, Montréal, XYZ éditeur, 1991.

Avant-propos

Le récit qui suit constitue une adaptation libre des relations de voyages attribuées à Jacques Cartier. J'ai suivi de près ces écrits vieux de quatre siècles et demi, tout en prenant des libertés — souvent documentées —, et surtout en privilégiant le point de vue d'un personnage inventé.

Les notes au bas des pages indiquent les noms et toponymes actuels.

André Berthiaume

Gravure du XVIIᵉ siècle représentant Saint-Malo, lieu d'origine de Jacques Cartier.

1

Prologue

Aujourd'hui, place des Herbes, après mes consultations et le dîner, j'ai reçu la visite d'un certain Jacques Cartier, que notre roi envoie aux terres neuves, plus loin que l'île des Morues[1], des Baccalaos, comme l'appellent les Portugais. Plus loin que la baie des Châteaux. Beaucoup plus loin.

Je connaissais évidemment ce navigateur de réputation et j'étais honoré de sa visite impromptue. Je savais maintes choses sur lui sans l'avoir jamais vu. Pourtant, sa maison est voisine de l'hôpital Saint-

---

1. Terre-Neuve.

Thomas où je me rends fréquemment pour visiter mes malades, à l'extrémité nord de la ville. Sa réputation de bourlingueur est enviable. On lui prête de nombreux voyages aussi bien sur les grands bancs de Terre-Neuve qu'au Brésil, appelé aussi « France antarctique ». D'ailleurs le bruit court que son épouse élève dans sa propre demeure une jeune Brésilienne.

Le but ultime de son expédition : explorer les nouveaux territoires pour en ramener non pas de la morue pour nos compatriotes soumis à un jeûne incessant, mais de l'or. Beaucoup d'or. Comme nos rivaux espagnols et portugais. Il s'agit aussi et rien de moins que de trouver la route de la Chine, du Cathay. Cartier m'a longuement parlé de son espoir de trouver à l'ouest un passage vers l'Asie, au-delà des côtes où s'arrêtent habituellement nos pêcheurs. Ses yeux d'homme de mer brillaient. Sa voix vibrait.

Ce navigateur a été choisi pour diriger le voyage d'exploration grâce à un appui de taille, celui de l'évêque Jean Le Veneur de Tellières, attaché au Mont-Saint-Michel depuis dix ans, à titre d'abbé commendataire. Celui-ci vient d'étendre sa renommée en négociant à Marseille une interprétation moins stricte de la lettre papale *Inter Cœtera* qui, depuis quarante ans, attribue sans vergogne à l'Espagne et au Portugal toutes les terres découvertes au Nouveau Monde.

On prétend que Jacques Cartier parcourt les mers depuis son plus jeune âge et qu'il maîtrise la langue portugaise. En épousant Catherine des Granches, la fille de notre connétable, on peut dire qu'il a acquis une belle respectabilité. Nous sirotions un vin de Gascogne que je lui avais offert, et il fallait l'entendre pester contre les armateurs et les marchands de Saint-Malo, qui ne voient pas sa mission d'un bon œil:

— Ils invitent même les marins à ne pas se montrer! Ces vautours veulent se réserver tout le profit des expéditions aux terres neuves. Ça rapporte gros, la morue, verte ou sèche! Mais j'espère que le récent arrêt de la Cour y mettra bon ordre: aucun navire ne pourra quitter le port tant que je n'aurai pas recruté tous mes hommes.

Cartier s'est ensuite réjoui qu'un jeune médecin comme moi ait signalé au recruteur son désir d'être de l'équipage.

— Un seul docteur pour soixante mariniers aguerris devrait suffire… Ah! comme je vous envie d'avoir pu étudier dans une grande ville comme Rennes. Roazhou! a-t-il corrigé à la manière bretonne.

Pendant qu'il m'entretenait de ses projets, j'entendais ma mère qui faisait les cent pas à l'étage au-dessus, sans doute consciente de la portée de notre conversation. Notre vie à tous les deux, bercée seulement par les fortes marées, allait changer radicalement au cours des prochains mois. Je pars pour un temps indéterminé. Sait-on quand on revient des terres inconnues ?

Le navigateur Cartier est resté longtemps dans mon cabinet à partager ses rêves, qui sont devenus les miens. Peu après son départ, la cloche de dix heures a sonné, annonçant la fermeture des portes de la ville.

L'arrivée de Jacques Cartier à Québec, huile sur toile d'Eugène Hamel (1890).

2

La barrière des îles

S i le temps continue d'être bon, les vents aussi
favorables, nous aurons traversé la grande mer
océane pour aborder l'île de Terre-Neuve dans les
vingt jours, et je n'aurai eu à soigner que quelques
malaises.

J'ai encore en mémoire la presqu'île de Saint-
Malo s'éloignant lentement de notre bateau, après
notre sortie de la rade. J'avais l'impression de quitter un navire pour un autre. Je revois nettement ma
mère me saluant parmi la foule rassemblée, tête
blanche agitant un mouchoir blanc. J'avais le cœur
serré. Mon premier grand voyage vers des terres

lointaines, moi qui ne suis jamais allé plus loin qu'à Paris. Le sentiment exaltant de partir pour un autre monde. J'ai tellement rêvé de ce grand départ après avoir lu, il y a quelques années, la relation aux îles Moluques du Portugais Fernão de Magalhães... Combien de nuits passées à la chandelle à examiner, parfois à la loupe, des cartes marines! Mes promenades à pied m'amenaient inévitablement du côté du port où mouillent des navires que l'on construit ou remet en état. Ou bien j'allais du côté de la mer. Le dos contre le mur d'enceinte pour me protéger du vent, je ne me lassais pas de contempler les volutes et la voix de l'eau salée, sa danse et son chant.

Je voyais ma mère se fondre dans la foule agglutinée le long des remparts qui ceinturent la ville. J'étais remué par la vue de Saint-Malo qui s'estompait, de la tour quadrangulaire de la cathédrale Saint-Vincent, du château blotti derrière avec ses tours massives. Je pensais aux rues étroites que je quittais. Le labyrinthe familier de mon enfance me hantait déjà, avec ses places animées, ses bonnes gens, ses plages.

De nombreuses embarcations nous ont accompagnés pendant un long moment avant de faire demi-tour et d'abandonner nos deux navires à leur sort. Sur notre trois-mâts d'à peine soixante tonneaux, les marins exécutaient les manœuvres habituelles sans mots inutiles, visiblement conscients de l'importance de l'heure.

Bientôt, devant nous, à mesure que nous nous éloignions de mon rocher natal et de la côte, la mer a pris toute la place. Si calme, si sereine, et pourtant... Je connais bien les histoires que les marins se plaisent à colporter dans les tavernes du port, qui donnent à notre presqu'île des allures de château hanté. Légendes amplifiées par les gamins et les marchands intéressés. Récits horrifiants de tempêtes effroyables et de monstres marins qui circulent dans toute la Bretagne. Mais ils ne m'ont pas empêché de m'engager au service du capitaine Jacques Cartier. J'ai rassuré ma mère en lui disant que nous allions emprunter la route connue des pêcheurs de morue. Je tenais tellement à être de ce voyage. Aucun démon du jour ou de la nuit ne m'aurait empêché de partir. Et pourtant, malgré moi, en voyant les mouchoirs s'agiter, notre belle cité s'éloigner, devenir un point minuscule, j'ai eu un serrement de cœur, mes yeux se sont embués de larmes.

Le vice-amiral de France était présent à la cérémonie du départ, le 20 avril 1534, date à jamais inscrite dans ma mémoire. Après que Charles de Mouy nous eut rappelé l'objet de notre expédition — trouver un passage vers la Chine —, nous avons tous juré sur les Saints Évangiles de bien et loyalement nous comporter au service du Roi Très-Chrétien François Ier, sous le commandement du capitaine Jacques Cartier. Pendant la cérémonie, le ciel pur de tout crachin veillait sereinement sur la mer.

À quarante ans, notre capitaine n'est pas dans sa première jeunesse, les navires sont de modeste tonnage, mais la route est aussi connue que bonne. Que Dieu nous protège tout de même.

Je passe en revue mon matériel de médecin : garrots, nécessaire à lavements, lancettes pour la saignée, aiguilles, onguents, pommades...

Déjà un bon mois que nous avons atteint la côte est de Terre-Neuve, précisément au cap de Bonne-Viste[1]. Mais le 10 mai, c'était encore trop tôt. La côte était à ce point obstruée de glaces que nous avons dû nous mettre à l'abri un peu plus au sud, dans le havre Sainte-Catherine. Les glaces qui s'accumulent empêchent toute manœuvre ; elles risquent de nous emprisonner ou de nous déporter. Elles sont des îles qui glissent sur l'océan, brillent au soleil. Nous avons profité de ces dix jours d'immobilité forcée pour préparer les deux barques qui nous permettront d'explorer de plus près les rives et d'aller à terre.

1. Cap Bonavista.

C'est ma première expérience comme membre d'équipage ; j'observe que les marins ne semblent pas tous enchantés d'une traversée moins rémunératrice que la grande pêche à la morue.

Quand enfin nous avons pu cingler vers le nord, nous avons fait escale à l'île des Oiseaux. Cette petite île au large de Terre-Neuve offre un spectacle unique, étourdissant. Ce rocher aux parois rougeâtres est littéralement recouvert de milliers d'oiseaux de mer noirs et blancs avec de petites ailes. Leurs cris rauques étouffent le bruit obsédant de la mer. Avec leurs têtes noires à besicles et leur démarche pataude sur leurs pattes palmées, ils sont plaisants à voir. Il y a là de grands pingouins, des godes et des fous de Bassan que j'ai pu distinguer grâce aux explications de Cartier lui-même. Les plus gros paraissent aussi à l'aise dans la mer que d'autres dans les airs, les plus petits vont aussi bien dans l'eau que dans le ciel. Ils vivent dans une promiscuité incroyable. Ils sont si nombreux que l'île semble totalement disparaître sous la neige. Avec leurs becs, les femelles ramènent leurs gros œufs sous leur poitrail blanc pour les couver. Les nouveau-nés au poil hirsute titubent. Chose certaine, on a l'embarras du choix pour s'approvisionner. Nous avons même chassé un ours blanc qui, comme une banquise mouvante, nageait tranquillement entre l'île et la côte : nous nous sommes régalés de sa chair.

Je comprends maintenant pourquoi notre capitaine s'est muni de couteaux, de verroteries, de peignes, de clochettes, de colliers, de miroirs et de chapeaux rouges pour trafiquer avec les indigènes plutôt que d'encombrer les cales de vivres : la viande et le poisson frais nous sont offerts en abondance dès l'arrivée.

Les glaces, les oiseaux, les îles innombrables, toutes ces choses bien réelles semblent assez familières aux marins. Moi, je les vois pour la première fois. Tout est tellement nouveau, grandiose. La réalité est toujours bien différente de celle des livres. J'en oublie les difficultés quotidiennes de la vie sur un petit navire, les biscuits trop souvent rongés par les vers, l'eau putride.

Plus au nord, nous avons été une fois de plus bloqués une douzaine de jours dans un havre à cause des glaces et du mauvais temps. Nous n'avons pu entrer dans la baie des Châteaux, ainsi appelée à cause de ses falaises volcaniques dont les contours font curieusement penser à des fortifications.

Lorsque nous avons pu dépasser cette baie qui s'avère être un détroit[1], nous avons rejoint une anse nommée Blanc-Sablon : le sable y scintille tout en évoquant la blancheur de la neige. Puis nous avons atteint les Îlettes, où la pêche est abondante. Il y a là un si grand nombre d'îles basses qu'il est impossible

1. Le détroit de Belle-Isle.

de les compter. On dirait que, dans ce pays, les îlots sont aussi nombreux que les oiseaux.

Ce matin, notre capitaine a fait planter une croix comme repère dans un havre qu'il avait particulièrement apprécié et nommé Saint-Servan[1], d'après le nom d'un bourg proche de Saint-Malo. Nous y avons sans le moindre effort pêché plusieurs saumons et, comble de la surprise pour moi, nous y avons rencontré un navire parti de La Rochelle qui avait perdu sa route! Mais on me dit que, durant la belle saison, ces parages sont fréquentés par des centaines de pêcheurs de toutes provenances. Étrange, tout de même, de retrouver si loin des compatriotes. C'est comme un rappel du monde que nous avons quitté. Et le signe que le Nouveau Monde commence véritablement dans les environs. La côte du nord offre des havres accueillants, mais le paysage est désolé, désertique ; on n'y voit que de la mousse, de la pierre, des conifères rabougris. Impossible d'y cultiver quoi que ce soit. Cartier dit que ce doit être la terre que Dieu a donnée à Caïn.

Pour la première fois, j'ai aperçu quelques indigènes[2] au loin. Ils sont vêtus seulement de peaux de bêtes. Ils se peignent le visage et le corps d'ocre rouge. C'est troublant. On dirait qu'ils sont couverts de sang.

1. La baie des Rochers.
2. Des Béothucks.

— Des Peaux-Rouges, a murmuré un de nos marins.

Leur longue chevelure est retenue derrière la tête d'où émergent des plumes d'oiseaux. Ils utilisent des petites barques étroites et légères, dont les flancs sont agrémentés de dessins colorés. Ces coquilles de noix sont taillées en pointe à l'avant comme à l'arrière, si bien qu'on se demande si elles avancent ou reculent... Elles sont faites d'écorces de bouleaux cousues ensemble avec des racines; les indigènes les transportent au besoin au-dessus de leurs têtes avec une parfaite aisance. Ils ont aussi des lances, des harpons, des filets. Cartier assure qu'ils viennent des terres plus chaudes pour pêcher le loup-marin.

De la rive, ils nous regardaient d'un air méfiant, hostile même, n'osant s'approcher. Notre capitaine dit que ce sont des *sauvages*. Je ne sais pas très bien ce que veut dire ce mot. Je dois avouer que je ne ressens pas beaucoup de sympathie pour les gens qui habitent ces terres désolées. On en voit parfois dans les ruelles de Saint-Malo, égarés, perdus, malades... Il y a une vingtaine d'années, un certain Thomas Aubert a emmené à Rouen sept Indiens de Terre-Neuve pour les montrer et les promener dans tout le pays. On dit qu'ils sont tous morts de la vérole.

ᑤ

Nous avons récupéré nos deux précieuses chaloupes pour nous approcher des terres; nous avons entendu la messe pour mieux affronter l'inconnu. Puis, au mitan de la baie des Châteaux, le capitaine a décidé que nous ferions d'abord voile vers le sud plutôt que vers l'ouest.

Les tourmentes de vent sont sournoises. Les vastes pans de brumes ressemblent à des navires volants, menaçants, qui tournoient au-dessus de nos têtes, toutes voiles déployées. Par ailleurs, il faut sonder prudemment les fonds pour éviter l'enlisement. Nous avons contourné des caps, des îles, admiré des montagnes escarpées qui se dressent comme des murailles dans la mer. Autant de lieux que Cartier s'est plu à nommer tout en dessinant une carte de la côte ouest de Terre-Neuve, certainement la première à mentionner ces endroits : cap Double, cap Pointu, cap Royal, cap de Latte, monts des Granges, îles Colombiers.... À proximité du cap Royal[1], la pêche a été proprement miraculeuse : plus de cent prises en une heure! Les marins comptent bien transmettre cette précieuse information à nos pêcheurs bretons.

Le Gonidec, Cosmao, Guirec, Le Barazer, Le Bihan... Je commence à connaître leurs noms. J'admire l'adresse de ces rudes matelots quand ils ne mangent pas silencieusement dans leurs écuelles,

---

1. Bear Head.

accroupis sur le pont. Ils passent leur temps libre à jouer aux dés, à chanter des airs édifiants ou grivois. L'aumônier, Dom Guillaume, fronce les sourcils, Cartier tolère.

Les jours suivants ont été pénibles. Nous n'avons essuyé que brouillards et mauvais temps avant de découvrir pour notre plus grande joie deux autres îles encore couvertes d'oiseaux de mer. À coups de bâton et de rame, nos marins ont tué plusieurs centaines de fous de Bassan, de godes et de grands pingouins, et ils ont ramassé leurs gros œufs marbrés. Après la pêche miraculeuse, la chasse fabuleuse? À voir tout ce sang, à entendre tous ces râles, j'ai ressenti un vif malaise; j'avais l'impression d'assister à un massacre. Une immonde boucherie. Trop de sang sur les rochers, trop de coups, trop de cris dans cette drôle de fête. Mon impression s'est accrue par l'odeur des excréments, insupportable, asphyxiante.

Heureusement, toujours en direction ouest, une île ravissante nous attendait pour la nuit. Pour rendre hommage à l'amiral Philippe Chabot, seigneur de Brion, qui avait déjà soutenu les projets de Verrazano, le capitaine l'a appelée «île de Brion». Nous y avons trouvé du bois et de l'eau en quantité suffisante. Une petite île accueillante, verdoyante, odoriférante, pleine de fleurs et de fruits sauvages, avec des falaises ocre surplombant des plages de sable qui invitent à la baignade. Un paradis fré-

quenté par des ours, des renards et des éléphants de
mer. À cause des grandes marées, Cartier se demande s'il ne pourrait pas trouver un passage entre
Terre-Neuve et la terre des Bretons. Notre capitaine
semble tout excité par cette idée. Serions-nous sur le
chemin de Singui et de Cipingu?

Aujourd'hui, un indigène est apparu sur un
monticule pierreux, silhouette imposante, immobile.
Après nous avoir observés un long moment, il a
quitté son promontoire et il s'est mis à courir le long
de la côte pour rester à la hauteur de nos chaloupes.
Il faisait de grands signes que nous ne comprenions
pas. Voulait-il que nous rebroussions chemin? Que
nous allions à sa rencontre? Lorsque quelques-uns
de nos marins ont nagé dans sa direction, il a disparu
dans la forêt dense, comme happé par elle. Étrange
comportement. Sur le rivage désert, nos marins ont
planté un bâton auquel ils ont attaché un couteau et
une ceinture de laine. En signe d'amitié.

Hier, nous avons aperçu des barques de sauvages qui glissaient sans bruit sur l'onde tranquille
d'une rivière. Ils sont passés au loin un peu comme
dans un mirage.

Le paysage a changé. Cartier pense qu'ici commencent les terres arables, mais il est impossible de

déposer l'ancre à proximité des îles entourées de sable[1]. Cartier a commandé de mettre les voiles bas et en travers pour explorer plus lentement les parages. Nous sommes toujours à la recherche d'un havre bien abrité mais les terres sont trop basses. Sur la côte nord, c'était tout le contraire : il y avait des havres à profusion mais pas de sols fertiles.

Ce soir, nous nous réjouissons d'être tous sains et saufs car, il y a quelques heures, nous l'avons échappé belle. En voulant explorer la baie de Chaleur, à l'ouest du cap d'Espérance[2], le bien-nommé, nous avons vu pour la première fois et de plus près une multitude d'indigènes. Cartier s'était aventuré dans ces parages avec quelques marins dans une seule chaloupe. Le comble de l'imprudence, car visiblement les indigènes rôdent et l'on ignore ce qu'ils ont dans la tête. La baie invitait à la découverte à cause de son amplitude. Abusé par l'espoir d'y trouver le fameux passage qu'il cherche partout, le capitaine s'est tout à coup trouvé encerclé par plusieurs embarcations bigarrées qui se déplaçaient à la vitesse de l'éclair ; on en a compté une bonne cinquantaine. Dans un tintamarre incroyable de tambours et de crécelles, les indigènes[3] nous faisaient signe de les rejoindre. Ils agitaient des pelleteries au bout de

1. Les îles de la Madeleine.
2. La pointe Miscou.
3. Des Micmacs.

leurs bâtons comme des oriflammes, répétaient sans se lasser ces paroles que nous ne comprenions pas : «*Napou tou daman asurtat*[1].» Il a fallu que le canonnier vienne à la rescousse de notre chef, qui se trouvait dans une situation potentiellement dangereuse, en faisant tonner nos canons et nos lances à feu : la tribu dépenaillée, hirsute, couverte de peaux, de clinquant et de plumes a déguerpi comme une volée d'oiseaux.

Tout est parfaitement calme ce soir. Pas la moindre brise dans la cabine. Une chaleur humide empêche de trouver le sommeil. Les moustiques sont d'une ténacité démoniaque. Allongé sur ma banquette, je me rappelle cette journée mémorable.

Malgré nos canons, nos lances à feu, ils sont revenus, aussi obstinés que les moustiques.

Nous avons d'abord compté neuf barques qui venaient lentement vers nous, avec une certaine hésitation, à l'entrée de la baie où nos deux navires mouillent. Les primitifs présentaient encore leurs peaux de bêtes dérisoires au bout de leurs bâtons. Après les avoir observés un moment, Cartier a émis l'opinion que ces gens voulaient probablement

---

1. «Ami, ton semblable t'aimera.»

trafiquer avec nous. Ils nous prenaient pour de simples pêcheurs bretons ou basques. Pour ne pas les effrayer, le capitaine a décidé d'envoyer seulement deux hommes vers eux, Roscoff et Lucas. Nous étions évidemment prêts à assurer leur protection si jamais les choses tournaient mal. Ceux-ci sont donc allés à terre avec des sacs remplis de couteaux, d'outils, de miroirs et d'ustensiles en fer, car ces gens semblent fascinés par le métal qui brille au soleil et qui est plus résistant que la pierre. Une étrange fête comme je n'en avais jamais vu s'est alors improvisée. Nos deux compagnons ont été rapidement entourés par une foule de pauvres hères qui manifestaient leur joie en chantant et en dansant au rythme régulier de tambours bariolés, de flûtes d'os et de hochets fabriqués avec des carapaces de tortues ou des écorces de citrouilles. D'autres avançaient dans l'eau jusqu'à la taille; ils la recueillaient dans leurs mains pour ensuite la laisser retomber sur leurs têtes, et je n'ai pu m'empêcher de penser aux bains romains. Leurs gestes sont souvent étranges mais, selon toute apparence, pacifiques. Quand ils ont donné tout ce qu'ils possèdent, ils s'en vont dans le plus simple appareil, ce qui ne semble pas du tout les embarrasser.

Du gaillard d'avant, juché sur les barils d'eau douce, j'ai observé cette scène qui s'est prolongée durant plusieurs heures, célébration à la fois innocente, joyeuse, indécente. J'ai regardé cette fête avec une sorte d'incrédulité, un curieux mélange de fascination et d'inquiétude. J'ai l'impression qu'en fin de compte ces indigènes ne sont pas plus menaçants que méfiants. Cartier croit qu'ils vont revenir demain, qu'ils ne se lasseront pas de trafiquer avec nous. Décidément, les paysages d'ici sont moins déroutants que les gens, qui parlent une langue que nous ne comprenons pas, ce qui ajoute à la confusion.

Il n'y a pas d'ouverture au fond de la baie de Chaleur, pourtant si prometteuse. Dès ce matin, vers dix heures, nous étions fixés. Au-delà des terres qui empêchaient toute sortie, se profilaient des montagnes très élevées. Une déception profonde se lisait sur le visage de Cartier. Chacun a respecté sa tristesse en gardant le silence dans l'air humide, étouffant de chaleur.

Sur le chemin du retour, nous avons vu plusieurs aborigènes qui, sur le bord d'un étang, entretenaient des feux de boucane pour faire sécher et fumer leurs poissons sur des grillages rudimentaires. Nous nous sommes approchés prudemment avec nos chaloupes. Ils sont venus à notre rencontre en nous offrant du loup-marin sur des morceaux de bois.

Nous leur avons donné des hachettes et des couteaux. Ils prenaient les chapelets pour des colliers, malgré les gestes éloquents de notre aumônier. Avec les femmes et les enfants, ils étaient bien trois cents. Les femmes venaient à nous sans retenue, dansant et chantant une sorte de mélopée joyeuse ; elles passaient leurs mains sur nos bras, les joignaient ensuite pour les lever au ciel comme si elles priaient la Madone. Nous ne savions pas trop comment réagir devant ce mélange d'impudeur et de naïveté.

— Ne croyez-vous pas, a remarqué l'abbé, qu'il serait facile de convertir ces innocents à notre sainte religion ?

Je ne savais quoi répondre. Je venais tout juste d'entendre des marins dire en riant qu'il serait aisé de prendre son plaisir avec des femmes comme celles-là qui ne se couvrent pas les seins et qui abordent les hommes de façon si franche.

Ces indigènes m'ont l'air bien portants. Je n'ai vu personne de malade parmi eux. J'aimerais connaître les rudiments de leur médecine. C'est la première fois que je les vois de si près. Ils ont une impressionnante musculature qui les fait notablement ressembler aux athlètes de l'Antiquité. Leur force est aussi remarquable que leur souplesse. Leurs dents sont éclatantes : est-ce dû à la gomme de sapin qu'ils aiment mastiquer ? Leur peau est couverte d'une graisse animale qui les protège du soleil et tient les moustiques à distance. Les femmes s'étonnent grandement et se gaussent de ce que certains d'entre nous — dont notre capitaine — portent la barbe.

Cartier a nommé cet endroit «baie de Chaleur» à cause de la chaleur écrasante sans doute, mais peut-être aussi à cause des feux et des femmes.

Le 12 juillet, nos deux navires ont fait voile en direction du nord-est. Nous longions la côte mais avancions péniblement à cause de la mer mauvaise, des vents contraires, des brumes denses et persistantes. Un vaisseau a même dû se départir d'une ancre à proximité d'un curieux rocher percé de deux ouvertures[1]. Nous nous sommes réfugiés dans l'entrée d'une rivière[2] à cause du mauvais temps; il nous a été impossible d'en sortir pendant une dizaine de jours.

Des autochtones[3] qui pêchaient le maquereau dans les parages nous ont rendu visite. Ils ont poussé la hardiesse jusqu'à monter à bord de nos navires pour recevoir des couteaux, des chapelets, des peignes et autres pacotilles. Toujours les mêmes gestes

1. Le rocher Percé.
2. La baie de Gaspé.
3. Des Iroquoiens.

pour exprimer leur joie. Les gens d'ici sont exubérants, qui chantent et dansent à tout propos. Pourtant, ceux-ci sont différents avec leurs crânes rasés, sauf au sommet de la tête d'où part une longue mèche tressée, retenue par une courroie de cuir.

Aujourd'hui, jour de la Madeleine, nous leur avons rendu la politesse. Nous avons visité leur campement qui est tout ce qu'il y a de rudimentaire. Nous avons été accueillis par les débordements habituels, mais nous avons noté l'absence des jeunes femmes, qui s'étaient réfugiées dans les bois. Elles se méfient sans doute de nos marins trop entreprenants. Elles sont quand même venues plus tard pour recevoir des peignes et des anneaux d'étain. À un moment donné, elles étaient bien une vingtaine autour de notre Cartier à lui frotter les bras et la poitrine : un bien singulier spectacle qui aurait grandement étonné son épouse, Mme des Granches !

Toujours soucieux de recueillir des chiffres précis à présenter éventuellement à la cour et aux financiers, Cartier nous a fait compter jusqu'à deux cents personnes et quarante barques.

Nous sommes restés longtemps parmi la foule, dialoguant par signes, faute de connaître leur langue. Il faut les surveiller, car ils ont la fâcheuse habitude de tout chaparder.

Leur pauvreté est extrême. Ils se promènent à moitié nus, de vieilles peaux jetées sur leurs épaules, le sexe à peine couvert. Pour tout bien, ils ne possèdent que leurs barques, leurs filets de pêche, leurs harpons, leurs arcs, leurs flèches. Ils couchent directement sur la terre, sous leurs chaloupes d'écorce renversées ; ils avalent leur viande et leur poisson quasiment crus, à peine boucanés. À côté des maquereaux, parmi les fruits séchés, Cartier a cueilli dans sa main une poignée de gros grains durs et blancs :

— Venez voir ça, Kerjean. Voilà du blé de l'Inde comme j'en ai déjà vu au Brésil. Ce sont des grains de maïs, qui leur servent de farine. Apprêtés, vous verrez, ils ont un goût fort agréable.

Puis, après avoir jeté un coup d'œil circulaire :

— Ils ne sont venus à la mer que pour pêcher. Ils n'habitent pas ici. Ils viennent de plus loin.

La fumée du campement commençait à me brûler les yeux.

Dès l'aube de ce 24 juillet, des hommes ont abattu une épinette que nos charpentiers ont ébranchée, puis équarrie. Ils en ont fait une impressionnante croix de quelque trente pieds de haut. Sous la traverse, ils ont fixé un bel écusson en bosse à trois fleurs de lys. Au-dessus, un écriteau avec des lettres gothiques proclame VIVE LE ROI DE FRANCE.

Pendant que nos hommes s'affairaient, charpentant, clouant, creusant un trou dans la terre, des Indiens tournaient autour du chantier avec une lenteur méditative, observaient les travaux dans un silence qui contrastait avec l'exubérance habituelle.

Cartier a ordonné que l'on érige cette croix écussonnée à l'entrée de la rivière[1] où nous mouillons, sur une pointe avancée pour qu'elle soit bien en évidence. Une fois le travail achevé, le poteau bien droit, les fleurs de lys et l'inscription tournées évidemment vers la terre, le père aumônier nous a invités à nous agenouiller pour la prière et la bénédiction. Ensuite, en montrant le pur azur, il a tenté d'expliquer par gestes aux indigènes ce que signifie cette croix vénérée : la mort du Fils de Dieu pour nous racheter tous, eux aussi. Après un moment, les indigènes se sont éloignés avec une perplexité visible, en hochant la tête.

Plus tard dans la journée, alors que nous avions regagné nos navires, nous avons eu la surprise de voir une délégation de cinq indigènes pagayer vers nous. Ils sont prudemment restés à une certaine distance de notre bâtiment, puis celui qui semblait le chef du groupe s'est mis debout dans l'embarcation pour nous adresser une longue harangue.

— Vous y comprenez quelque chose, capitaine ?

1. La baie de Gaspé.

L'homme désignait alternativement et avec vigueur la croix qui surplombe maintenant le site et le territoire autour.

— Je crois qu'il veut nous dire que toute cette terre lui appartient et que nous ne devions pas planter la croix sans son accord...

Alors notre capitaine a imaginé un subterfuge. Il a montré à ce seigneur une hache, feignant de la lui donner en échange de la vieille peau d'ours noir qu'il avait sur les épaules. Après un moment d'hésitation, l'Indien s'est approché davantage avec ses compagnons. Au moment où, toujours debout dans sa barque, il tendait la main pour saisir l'instrument par le manche, des matelots ont sauté dans leur embarcation pour les obliger tous les cinq à nous rejoindre sur le pont, ce qu'ils ont fait sans offrir de résistance, aussi surpris qu'apeurés. Ces gens sont d'une touchante naïveté et, semble-t-il, aussi faciles à tromper qu'à convertir.

Cartier s'est tout de suite efforcé de leur enlever toute crainte. Il a même demandé au cuisinier d'apprêter pour eux nos meilleurs aliments. Ensuite, il a expliqué avec force gestes que la croix servait uniquement de balise. Celle-ci nous permettrait de revenir bientôt avec abondance d'objets en fer. Mais ont-ils seulement compris les explications de notre maître ?

Nous nous sommes vite rendu compte en partageant leur repas que ces personnes appartiennent toutes à la même famille. Le seigneur était accompagné de trois de ses fils et de son frère. Sur l'ordre de Cartier, deux des fils ont été accoutrés de chemises, de livrées aux couleurs royales, de bonnets rouges et de chaînettes de laiton, ce qu'ils ont semblé apprécier grandement. Tout de même, quelle étrange mascarade sur le pont!

À ma grande surprise, Cartier a dit au père qu'il désirait emmener ses deux fils en France pour une courte durée et qu'il les ramènerait avec beaucoup de cadeaux. Je n'étais pas au bout de mes étonnements, car, après avoir parlementé un certain temps et malgré les énormes difficultés de communication, notre capitaine et leur seigneur ont paru se mettre d'accord sur ce projet. Ensuite, chacun a laborieusement décliné son nom: si j'ai bien compris, le père se nomme Donnacona, les fils Domagaya et Taignoagny. Ils semblaient avoir recouvré leur confiance entière en notre pilote dont j'ai pu admirer l'habileté diplomatique. Cartier a donné des hachettes et des couteaux aux trois autres sauvages qui sont retournés à terre.

Vers midi, une trentaine d'Indiens sont venus offrir du poisson et dire adieu aux deux frères qui feront le voyage avec nous. Ils ont prononcé plusieurs discours solennels que, malheureusement, nous ne comprenions pas.

Il est dans les habitudes des navigateurs de planter des croix et de ramener des indigènes avec eux.

∽

Comme le vent se présentait bon, nous en avons profité pour quitter notre refuge et pousser vers le nord. Pendant plusieurs jours, et toujours dans l'espoir de trouver un passage vers les richesses inépuisables de l'Ouest, nous avons exploré des baies et contourné des caps[1] que Cartier s'est plu à nommer : Saint-Louis, Montmorency... Malheureusement, les grands vents, les fortes marées, les brouillards persistants, les bancs dangereux et les récifs sournois rendaient la navigation périlleuse. Sur la mer démontée, il était parfois impossible d'avancer d'un seul jet de pierre. Nous avons même failli perdre une chaloupe lorsque, malgré ses treize avirons, elle a donné sur un récif et projeté tous les passagers à l'eau.

Les mariniers ont commencé à bougonner sérieusement ; ils savaient que la saison de la pêche à Terre-Neuve était à la veille de finir. Bientôt les fortes tempêtes risquaient de littéralement nous emprisonner dans la Grande Baie[2].

Alors Cartier a cru bon de consulter l'équipage des deux navires au cours d'un rassemblement. Sage précaution. Les habitués estimaient que nous étions encore loin de Terre-Neuve et ils craignaient de ne

1. Sur la côte est de l'île d'Anticosti.
2. Le golfe du Saint-Laurent.

pouvoir repasser sans encombre la baie des Châteaux, notre porte de sortie vers la haute mer. De plus en plus difficiles à manœuvrer, les navires ne faisaient que dériver. Dans ces conditions, il paraissait illusoire de pousser la navigation plus loin vers l'ouest. Le Troadec a fait remarquer que nous ne rentrions quand même pas bredouilles puisque nous ramenions deux indigènes avec nous. Après avoir patiemment écouté, Cartier a convenu qu'il valait mieux retourner tout de suite à Saint-Malo, ce que l'équipage a applaudi à tout rompre, avec des cris, des chants, des danses. Tout en partageant la joie légitime de mes compagnons, je n'ai pu m'empêcher de penser aux deux garçons confinés dans leur cabine. Ils devaient se demander à quoi rimait tout ce tintamarre au-dessus de leurs têtes.

Grâce à un vent soudain favorable, nous avons retrouvé la baie des Châteaux plus rapidement que prévu ; c'était peut-être notre dernière chance de passer par ce goulot. En longeant la côte nord, nous avons encore aperçu des feux de boucane entretenus par des Indiens [1], mais un vigoureux et tenace nordet nous a interdit la rive.

Nous avons, par la grâce de Dieu, retrouvé Blanc-Sablon que nous avions quitté deux mois plus tôt. Le 15 août, fête de l'Assomption de la Sainte Vierge, après avoir entendu la messe, nous avons

1. Probablement des Montagnais.

appareillé avec enthousiasme pour la grande traversée. Nous avons eu du bon temps sauf au milieu de la mer océane où nous avons essuyé trois jours de grande tempête. Trois jours qui nous ont paru trois semaines. Nous avions la vertigineuse impression d'être continuellement ballottés entre la cime d'une montagne d'eau et le fond d'un abîme liquide. J'avais souvent entendu parler des dangers de la haute mer, mais combien il est différent de les affronter soi-même !

Pendant les jours calmes, je pensais que, comme médecin, j'avais connu un voyage sans histoires : quelques écorchures, foulures et fièvres mineures. Je me réjouissais de voir tous les hommes revenir chez eux sains et saufs d'une expédition qui n'était pourtant pas sans périls.

Plusieurs images occupaient mon esprit. Des paysages, des baies majestueuses, des îles innombrables, couvertes d'oiseaux, des terres arides ou des prairies accueillantes, des bancs de glace ou de sable... Je revoyais tous ces sites ainsi que les gens du pays, aussi chaleureux, impudiques et mystérieux que pauvres. Et je me posais des questions : peut-on imaginer mode de vie plus différent du nôtre ? Se peut-il que ces gens-là habitent la même Terre que nous ? Que le même Soleil brille pour eux ? Depuis combien de temps fréquentent-ils ces rivages ? Qu'est-ce que pauvreté ? Qu'est-ce que richesse ?

Avons-nous le droit de prendre possession d'une terre que nous avons à peine foulée?

Pendant la traversée, j'ai tenté, avec l'accord de Cartier, de rassurer de nouveau les frères indiens qui étaient devenus moroses et silencieux. Comment savoir ce qu'ils pensent? Voyant l'intérêt que je leur témoignais, Cartier m'a proposé spontanément d'héberger l'un d'eux à Saint-Malo en attendant le prochain voyage qu'il espère prochain. Le capitaine logera son frère en comptant sur Catherine-du-Brésil pour les initier tous deux à notre langue et à nos coutumes. J'ai accepté en me demandant comment ma mère, mes patients, mes voisins allaient accueillir cet étranger pas comme les autres.

Après plus de quatre mois d'absence, nous sommes entrés avec une grande joie dans la bonne vieille rade de Saint-Malo.

La Grande Hermine,
dessin à la main de l'artiste François Cordeaŭ (1966).

3

Saint-Malo

La présence de Domagaya sous mon toit suscite des réactions diverses. Ma bonne mère accepte difficilement que notre intimité soit ainsi troublée. Elle a beaucoup de mal à comprendre que j'accueille dans nos murs, à notre table, un jeune sauvage qui ne parle pas notre langue, a l'air de s'étonner de la moindre chose, un escalier ou un mur de pierres, du plus petit détail de notre vie quotidienne. Il boude notre nourriture, ne mange qu'avec ses doigts, a de la difficulté à s'habiller seul et à marcher dans les rues avec nos souliers, préfère dormir sur le plancher nu. La rumeur n'a pas encore atteint tous mes patients, mais ce n'est pas sans une certaine stupeur que les voisins me voient quitter la maison avec un jeune homme à la peau cuivrée, aux jambes longues, au regard à la fois perçant et inquiet.

Ma mère se plaint que Domagaya a la fâcheuse habitude de garder tout ce qui lui tombe sous la main. Elle a été stupéfaite quand je lui ai dit que, pour un Indien, la propriété n'existe pas.

Presque tous les jours, je l'emmène avec moi quand je parcours notre petite ville pour rendre visite à mes malades. Comme la maison de Cartier est voisine de l'hôpital, je donne à Domagaya l'occasion de voir son frère, Taignoagny, ce qu'il apprécie visiblement. Les retrouvailles sont toujours chaleureuses, l'occasion de longues palabres et d'accolades ponctuées de cris de joie. C'est ainsi que j'ai pu faire la connaissance de Mme Catherine des Granches, l'épouse de Jacques Cartier, et de Catherine-du-Brésil, sa fille adoptive ramenée de la France antarctique, il y a une quinzaine d'années.

Lorsque, sur notre chemin, nous croisons des mendiants, des bossus, des culs-de-jatte ou des manchots, l'étonnement de Domagaya est sans bornes. S'il voit un enfant maltraité par un adulte, il est carrément bouleversé. Les cloches de la cathédrale Saint-Vincent sont aussi grand sujet de trouble. Et que dire des chevaux qu'il semble n'avoir jamais vus !

Je le laisse aller et venir comme bon lui plaît, sortir de la maison pour errer dans les rues, se promener sur les remparts ou dans le vieux port. Il n'aime pas rester enfermé très longtemps. Je ne crains pas trop qu'il soit agressé par des filous : je le sais capable de se défendre. Ni qu'il s'embarque sur un navire de pêche pour Terre-Neuve. Il revient toujours comme un vagabond qui n'a pas d'autre endroit où aller. Pendant des heures, il joue avec des bouts de bois ramassés je ne sais où, comme si c'étaient des osselets.

Je crains seulement que, par distraction, Domagaya ne s'empare de quelque objet qui ne lui appartient pas. Nos tribunaux seraient capables de faire le lien avec les adeptes de l'hérésie nouvelle qui allèguent que tous les biens de ce monde sont communs. Je voudrais bien éviter à mon jeune hôte d'avoir la langue percée avant d'être brûlé au marché des pourceaux !

Jacques Cartier n'a pas perdu son temps. À peine de retour à Saint-Malo, il s'est vite rendu à Fontainebleau où séjourne actuellement la cour. On y a entrepris des travaux d'envergure avec des architectes, des peintres et des sculpteurs venus d'Italie. Cartier tentera d'obtenir une audience de notre souverain même si celui-ci a en ce moment bien d'autres chats à fouetter. Mme des Granches m'a dit que son mari était parti avec une carte des terres neuves explorées et une brève relation de son voyage qu'il compte remettre à notre souverain. Il espère convaincre la cour de poursuivre l'exploration des voies d'eau et des terres, nonobstant le dénuement manifeste des premiers indigènes rencontrés. Mais, qui sait, peut-être étions-nous tout près d'un passage vers le Cathay de Marco Polo, tout près d'un Eldorado aussi inépuisable que celui que viennent de découvrir les Espagnols dans les pays du Sud!

Pendant que Cartier était en mission auprès du roi, j'ai commencé, avec l'aide de Catherine-du-Brésil, à établir un petit lexique de mots indiens. L'opération est laborieuse car les deux frères ne semblent pas intéressés outre mesure par notre entreprise. Ils ne se concentrent pas longtemps, distraits par l'usage que nous faisons de nos plumes d'oie. Nos petits scribouillages leur paraissent bien saugrenus. C'est surtout au cours de nos fréquentes promenades que Domagaya m'apprend peu à peu certains éléments de son vocabulaire. Je transcris ensuite les vocables tant bien que mal à l'intention de notre capitaine, espérant que nos deux visiteurs, de leur côté, apprendront les rudiments de notre langue. Cartier tirera sûrement profit de cet échange, car il aura besoin d'interprètes et de guides.

Je désigne un navire à Domagaya, il prononce *casaomy*. Dans sa langue, la mer se dit *amet*, la terre *conda*, un couteau *agoheda*, et une épée *achesco*.

La Brésilienne m'apporte de bien mauvaises nouvelles de la Loire. Sur les murs d'Orléans et d'Amboise, des affiches ont dénoncé la célébration de la messe et l'autorité du pape. Comble d'arrogance, un de ces textes sacrilèges a été placardé sur la porte même de la chambre de François Ier qui séjourne dans son château de Blois. On dit que le roi est entré dans une colère noire devant ce geste visiblement concerté par des hérétiques qui brisent les statues des saints.

On peut s'attendre à une répression extrêmement dure au cours des prochains mois. Combien de personnes vont servir d'exemples, être brûlées vives sur la place publique ? Désormais il va falloir surveiller ses mouvements, ses paroles, ses livres, ses pensées. Par crainte du supplice du feu.

Sans doute serait-il prudent de ma part de dissimuler certains de mes livres, notamment ce *Pantagruel* qui a été condamné récemment pour obscénité et qui aurait été écrit par un disciple d'Hippocrate comme moi.

J'adore me promener à cheval. Je peux rester des heures le cul sur la selle, comme disait mon père, sans ressentir la moindre fatigue. C'est un exercice que des auteurs anciens comme Platon et Pline n'hésitent pas à recommander pour le maintien de la santé. L'idée m'est venue d'initier Domagaya à l'équitation pour lui permettre d'explorer les environs de Saint-Malo.

L'instruction de Domagaya n'a pas été facile, car le jeune homme était d'abord craintif devant les piaffements de la bête et carrément effrayé par son hennissement. Mais une fois l'appréhension dissipée, Domagaya a vite su se faire accepter et comprendre par l'animal.

Ce matin, un beau matin clair de novembre, chevauchant des roussins frais et vigoureux, nous avons franchi la porte Saint-Thomas pour longer la côte, traverser au trot les plages de Paramé, du Minihic et de Rothéneuf qui nous ont conduits jusqu'à l'anse du Guesclin. Nous avons ensuite gravi la corniche pour atteindre les hauteurs de la pointe du Grouin d'où nous avions une vue splendide sur la mer. Devant nous se trouvait l'île des Landes où nichent en permanence des colonies de cormorans et de goélands. J'ai alors pensé que Domagaya, abreuvé d'espace, de vent salé, était heureux aujourd'hui de retrouver des dunes de sable, des falaises, des pins et une île peuplée d'oiseaux de mer. Nos deux pays ne sont-ils pas «voisins de la mer»? C'est ce que signifie *Armor*, l'ancien nom celtique de la Bretagne.

∽

Ma mère est tombée gravement malade. Pendant quelques jours, renonçant à traverser la ville, j'ai été confiné à la maison. J'ai quand même continué à m'initier à la langue indienne, si éloignée de la nôtre, essayant par ailleurs d'inculquer quelques notions de français à Domagaya. Il me faut reconnaître que ses progrès ne sont guère plus rapides que les miens !

Tout à l'heure, Catherine-du-Brésil m'a rendu visite. Elle m'apportait de bonnes nouvelles de son parrain qui apparemment a su convaincre la cour de l'opportunité de poursuivre l'exploration de la Grande Baie et de la côte nord, au-delà de Terre-Neuve. C'est Philippe Chabot lui-même qui lui a remis une commission royale lui permettant de reprendre ses explorations dans le Nouveau Monde pour y trouver le passage si convoité vers l'Asie. Ainsi donc, dès le printemps prochain, Cartier pourra repartir avec une centaine d'hommes et trois navires armés, gréés et approvisionnés pour un voyage de quinze mois.

Par ailleurs, Taignoagny, le frère de Domagaya, aurait assuré Cartier qu'il y a une route d'eau importante vers l'ouest. Mais celui-ci se demande si ce renseignement ne dissimule pas une astuce pour rentrer plus tôt au pays.

Lorsque j'ai fait part à Domagaya de nos projets pour le printemps prochain, le jeune Indien s'en est grandement réjoui. Il m'a confirmé ainsi qu'à Catherine qu'en suivant la côte nord nous pourrions aisément naviguer vers l'ouest et ses trésors.

J'avais malheureusement raison. Depuis trois mois, on a beaucoup brûlé sur les places publiques de France. Des livres mais aussi des traducteurs, des professeurs, des éditeurs soupçonnés par les Parlements de propager les doctrines d'un moine allemand du nom de Martin Luther. Sa Majesté a vu dans l'affaire des placards contre la messe bien plus qu'une provocation : un complot contre sa propre personne. Ainsi, sous prétexte de guérir notre royaume d'une intolérable contamination, on encourage la délation, on torture, on massacre. S'il fallait que j'adopte cette manière de soigner les infections ! Nous voilà de retour à la grande noirceur !

Pourquoi faut-il que les princes de ce monde finissent toujours par donner la mort ?

À Paris, il y a eu une mémorable procession expiatoire avec bannières, croix, dais et reliques. Le roi lui-même faisait partie du défilé ; il marchait tête nue, vêtu d'une longue robe noire, arborant un cierge allumé. Après avoir entendu la messe dans la cathédrale Notre-Dame, les fidèles ont pu voir six luthériens monter sur le bûcher.

À mon avis, la fumée qui s'élevait des bords de la Seine avec les hurlements n'était pas digne de nous ni de Dieu.

Exprimer de telles pensées, voilà ce qui s'appelle littéralement jouer avec le feu. Le grand humaniste Érasme pourrait ajouter un nouveau chapitre à son *Éloge de la folie*. Est-ce là l'âge nouveau qu'on nous annonce et qui nous viendrait d'Italie ?

Ma mère est morte.

Hier, le vicaire de la cathédrale, l'abbé Perros, est venu administrer les derniers sacrements. Tandis que le jeune prêtre prononçait les paroles latines et procédait au rituel de l'extrême-onction en oignant d'huile d'olive le front de l'agonisante, j'ai remarqué que Domagaya, debout dans un coin de la chambre, observait attentivement les gestes de l'officiant.

Ce matin, j'ai constaté que le jeune Indien avait dû quitter très tôt la maison. Il est revenu un peu avant midi avec, dans une pochette qui ne le quitte pas depuis son départ, des petites coquilles encore humides qu'il avait ramassées sur la plage. Il a sorti une à une ces écailles bien nettoyées pour les disposer minutieusement, l'air méditatif, sur le drap de lit, près de la tête de la défunte, pour constituer une sorte de parure mortuaire. J'ai compris qu'il devait s'agir d'un rituel propre à ses croyances, et je l'ai laissé faire. Peut-être voit-il dans ces petites lunes un signe que la mort n'est qu'un passage vers une nouvelle naissance? En tout cas, heureusement que le vicaire n'était plus là pour observer le manège de l'adolescent, car il aurait sûrement crié au sacrilège.

Est-ce le chagrin ou la fatigue? J'ai pensé que ce maladroit chapelet de coquilles s'accordait somme toute assez bien avec celui que ma mère tenait dans ses mains jointes.

Enfin, du fond de son sac orné d'un motif solaire, Domagaya a sorti deux bouts d'écorce qu'il a commencé à frapper régulièrement l'un sur l'autre en murmurant une sorte de mélopée, et j'ai eu l'impression que cette incantation sourde accompagnait favorablement l'âme de ma mère qui nous quittait pour un autre monde.

Dans trois jours, c'est de nouveau le grand départ pour Terre-Neuve et la recherche d'un passage vers l'Asie. J'en profiterai pour abandonner encore une fois mon costume sombre de médecin, la soutane courte, le manteau, le chapeau noirs. Ce matin, fête de la Pentecôte, nous avons entendu la messe et communié, puis, dans le chœur bondé de la cathédrale, l'évêque de Saint-Malo nous a donné sa bénédiction.

En dépit, encore une fois, de la mauvaise humeur de nos bourgeois qui réalisent de grands bénéfices grâce à la pêche à la morue, Jacques Cartier, que j'ai rencontré à quelques reprises chez lui, a réussi à constituer un équipage de cent dix officiers et matelots pour les trois navires légers et maniables que prévoyait la commission royale, l'automne dernier : *La Grande Hermine, La Petite Hermine, L'Émérillon*.

J'ai fait de mon mieux pour occuper Domagaya durant l'hiver mais, même s'il a souvent vu son frère, il a sûrement trouvé le temps long. Ces jours-ci, il est particulièrement excité à l'idée de retrouver bientôt ses parents et son peuple. Pour ma part, la maladie, le décès de ma mère et la répression impitoyable des Parlements ont jeté de l'ombre sur les derniers mois, et je ne suis pas mécontent de partir. Cartier semblait fort heureux de me voir de nouveau me joindre à son équipage. Par ailleurs, j'ai eu grand plaisir à recevoir plusieurs fois la Brésilienne, qui a continué à m'aider à établir le lexique indien. Mes nouvelles connaissances dans ce domaine sont certes limitées, mais elles seront utiles au cours des prochains mois. Peut-être même davantage que ma science médicale.

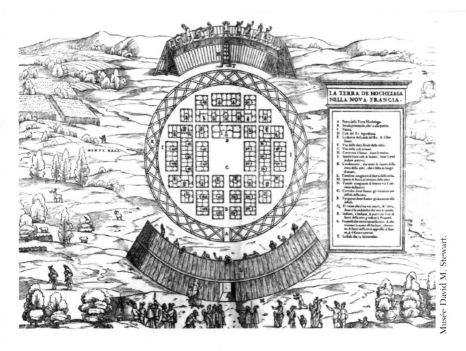

La Terra de Hochelaga della Nova Francia,
gravure sur bois attribuée à Giacomo Gastaldi (1556),
met en image la description d'Hochelaga par Jacques Cartier.

4

Hochelaga

Dix jours d'attente anxieuse à Blanc-Sablon. Aujourd'hui, 26 juillet 1535, nous voyons enfin arriver les deux autres navires. Joie sans bornes, accolades, effusions, chants de grâce, sous le regard tranquille des deux frères indigènes : eux sont tout à l'euphorie contenue de retrouver leur pays, bientôt leurs frères de sang.

Cette traversée n'a pas été de tout repos. Après sept jours de bon temps, nous avons eu un mois de vents contraires et d'obscurité, sans aucun répit. La plus violente tempête que jamais capitaines et maîtres aient connue. Ces gens-là ont pourtant l'expérience des mers démontées. Nous avions toute la peine du monde à rester debout dans nos navires. À un certain moment, nous avons complètement perdu de vue *La Petite Hermine* et *L'Émérillon* ; nous avons même cru à leur naufrage. Pendant les mauvais jours, les quelques gentilshommes qui nous accompagnent étaient aussi morts de peur que les novices et les mousses, ce qui faisait rigoler sous barbe les vieux bourlingueurs. Domagaya et Taignoagny semblaient moins étonnés de leur panique que de leurs vêtements soyeux et à dentelles.

Comme l'an passé, nous nous sommes retrouvés à l'île des Oiseaux [1], au large de la côte ouest de Terre-Neuve. Dans le brouillard perpétuel, nous distinguions les morutiers qui pratiquent la pêche dite saisonnière et, sur la côte, les abris des pêcheurs qui font sécher la morue sur des treillis qu'ils appellent « vigneaux ». Paraît-il qu'on peut prendre jusqu'à deux cents morues par jour dans ces parages. Nous avons encore capturé des pingouins et des fous de Bassan, assez pour remplir pas moins de deux chaloupes. Ensuite, nous avons rejoint et traversé la baie des Châteaux et ses étranges formations rocheuses avant de mouiller ici, à Blanc-Sablon.

Cartier est évidemment soulagé, heureux de retrouver ses navires et tout son monde, mais on le

1. Funk Island.

sent fébrile, désireux d'explorer plus avant sans tarder. Toujours cette obsession le tenaille du passage vers l'or. Dans trois jours, dès l'aube, après avoir remis les navires en état, renouvelé les provisions d'eau et de bois, nous appareillons. Nous reprendrons notre route en laissant porter le long de la côte désertique du nord, celle que Cartier a déjà nommée terre de Caïn.

Des îles, encore des îles. Des îles basses, le long de la côte de Caïn, des îlots difficiles à contourner, comme autant d'écueils. Des baies, des caps ceinturés de bancs traîtres, des brisants qui requièrent une navigation prudente, anxieuse. Toute cette côte est parsemée de hauts-fonds, de récifs dissimulés sous la nappe d'eau.

Des îles dangereuses que Cartier baptise avec un zèle inlassable : Sainte-Martre, Saint-Guillaume, Saint-Germain, le plus souvent en fonction du saint du jour, signalé par le calendrier. L'écrivain du bord enregistre fidèlement ces noms tout en notant les distances en lieues, les longitudes et les latitudes, en vue de la mise au point d'une carte géographique. Au terme de ce chapelet d'îles, au-delà du cap Thiennot[1], la côte s'est faite un peu plus avenante ;

1. La pointe de Natashquan.

nous y avons même trouvé un bon mouillage, baptisé Saint-Nicolas. Sur l'île la plus proche, Cartier a fait planter une grande croix de bois comme point de repère. C'est du moins l'explication que je me suis cru obligé de donner à Taignoagny qui s'irritait que l'on plante encore une croix.

Nous avons trouvé une belle et large baie que Cartier a nommée Saint-Laurent, d'après le nom d'un martyr romain du IIIe siècle, dont la fête est le 10 août. Puis Cartier annonce son intention d'explorer la terre du sud qu'il montre du doigt, de la «quérir», comme il dit. Il demande les deux Indiens, toujours vêtus à l'européenne, et requiert mon assistance comme interprète. Scène étonnante sur le pont, quand j'y repense : Cartier, les Indiens et moi surexcités, tous les quatre baragouinant dans la langue de l'autre, gesticulant, faisant répéter en vain, un attroupement de plus en plus important de marins ébahis nous observant. Nos deux indigènes nous révèlent des choses étonnantes, capitales même. Ils disent que la terre qui se profile devant nous est en réalité une île, une grande île qui se nomme Anticosti. À la pointe ouest de cette île, un impressionnant troupeau de baleines noires participe à un ballet aussi curieux que bruyant, multipliant les sauts dans les airs avant de replonger ; de leurs évents jaillissent de puissants jets de vapeur accompagnés de gargouillements intenses.

Derrière cette grande île se trouve le site de Honguedo[1] d'où nous sommes partis il y a un an. Si, par ailleurs, nous continuons à longer la côte du nord, nous trouverons à deux jours d'ici une contrée riche, celle du Saguenay, et une région appelée «Canada», nom qui voudrait dire «village».

— Vous entendez cela, docteur Kerjean? Se pourrait-il que nous soyons bientôt récompensés de nos efforts?

∞

Le 15 août, nous avons franchi le détroit au nord de l'île d'Anticosti avec le sentiment de nous engager encore une fois dans l'inconnu. L'attention de Cartier ayant d'abord été retenue par les hautes montagnes de la côte du sud, nous avons longé celle-ci pendant trois jours avant de remettre le cap au nord pour y voir de plus près d'autres montagnes, encore plus impressionnantes.

Les conciliabules à quatre se sont multipliés sur le pont. Les Indiens répètent que si nous continuons à naviguer vers l'ouest nous atteindrons la région du Saguenay où l'on trouve du cuivre en grande quantité. Ils appellent la voie d'eau sur laquelle nous dérivons «le grand fleuve de Hochelaga». Ce long fleuve

1. Gaspé.

deviendrait de plus en plus étroit jusqu'à la contrée appelée Canada qui est leur pays, et où coule de l'eau douce.

Cette dernière information a visiblement déplu à notre capitaine : un fleuve d'eau douce ne peut que nous égarer dans des terres que nous ne connaissons pas. D'après Domagaya, ce fleuve serait si long que jamais personne n'est allé jusqu'au bout. De plus, les indigènes assurent qu'il n'existe pas, à partir du fleuve, d'autre passage vers le fameux royaume. J'ai vu Jacques Cartier écouter ces renseignements avec attention mais aussi avec un scepticisme de plus en plus perceptible :

— Jusqu'à quel point pouvons-nous nous fier à ces indigènes ? Peut-être entretiennent-ils des arrière-pensées ? Ils affirment qu'on trouvera ici une île, là un détroit, ici un fleuve, là un pays, voire un royaume... et qu'il n'y a pas de passage vers l'Asie. Que voilà de beaux discours par des personnes qui sont pauvres comme Job ! Pouvons-nous avoir confiance en ces jeunes gens ? Sont-ce des vérités ou des fables ?

Cartier hésite, fait les cent pas, se gratte la barbe compulsivement. La Chine soyeuse et dorée semble s'éloigner de nouveau. Mais où nous mène cet archipel étourdissant que nous explorons avec ardeur ?

Soudain, Cartier donne l'ordre de rebrousser chemin jusqu'à la baie Saint-Laurent que nous avons quittée il y a peu de temps. Il entend explorer méthodiquement les baies et les estuaires de la côte nord — ne serait-ce que pour faire mentir nos guides indigènes, que ce demi-tour étonne aussi.

Nous avons ancré les navires à proximité de sept îles très hautes, bien rondes, qui me rappellent les sept îles de Bretagne. Nous avons pris les barques pour poursuivre vers l'est l'examen des côtes du nord car, à marée basse, cette région est redoutable pour nos vaisseaux. Après quelques heures de rame, nous sommes revenus aux sept îles, bredouilles, dans le brouillard et le vent défavorable. Nous n'avons pu trouver un passage, seulement une rivière d'eau douce[1] où s'ébattaient un grand nombre de poissons à tête de cheval[2], qui ne se privaient d'ailleurs pas de hennir. Nos hommes de Canada nous ont expliqué que ces animaux s'ébattent dans l'eau le jour, sur terre la nuit.

2 septembre. Nous voilà maintenant à l'embouchure d'une majestueuse rivière[3] encaissée entre de hautes montagnes de pierre nue. Paysage impressionnant, grandiose, que je n'hésite pas à comparer aux

1. La rivière Moisie.
2. Des morses ou des phoques.
3. Le Saguenay.

plus beaux sites jamais vus. Domagaya m'assure que c'est cette rivière qui conduit à cet étonnant pays du Saguenay... De nombreux arbres poussent leurs racines sur le flanc des rochers aussi aisément que sur la bonne terre. Arbres assez grands, observe Cartier, pour mâter un navire de trente tonneaux.

À l'entrée de la rivière, nous avons aperçu un groupe d'Indiens qui pêchaient le loup-marin dans ces barques maniables qui ressemblent à des croissants de lune. Ce sont les premiers indigènes [1] que nous voyons depuis notre retour. J'ai d'ailleurs remarqué qu'ils nous observaient avec crainte et qu'une seule barque a consenti à s'approcher de notre navire, à l'invitation pressante de nos compagnons de Canada. Ils n'ont peut-être jamais vu de vaisseaux, m'a expliqué Domagaya. La première fois qu'il a aperçu un de nos trois-mâts avec tout son gréement, il a cru que c'était une île qui se déplaçait, avec des arbres, des feuilles, des animaux grimpants!

La sortie de la rivière Saguenay a été laborieuse. À cause de la force des marées et des courants, de la soudaineté des vents, de l'imprévisibilité des fonds, nous avons bien failli y laisser notre *Émérillon*.

---

1. Sans doute des Iroquoiens.

Nos informateurs avaient dit vrai : en remontant vers la région de Canada, le fleuve devient plus étroit. Entre la mer et l'eau douce, nous avons aperçu un nombre impressionnant de bélugas ; ce sont des poissons blancs comme neige, au museau de lévrier, aux courtes nageoires pectorales, que les gens du pays appellent *adhothuys* et dont ils apprécient grandement la chair. On en trouverait seulement ici.

Hier, dans la petite baie bien protégée qu'offrait une île, nous avons dérangé une quantité incroyable de tortues marines ; à notre approche, elles ont vite déguerpi dans l'eau. Cette île dégage un charme tout à fait particulier ; elle baigne dans une sorte de mystère. Nous y avons trouvé de grosses noisettes savoureuses en telle abondance que notre capitaine l'a nommée l'île aux Coudres. Il arrive que le site soit plus imposant que le saint du jour !

Ce matin même, 7 septembre, alors que des natifs s'agglutinaient sur les rives de la côte nord pour nous voir passer, nous qui sommes de l'Ancien Monde, nos deux Indiens nous ont informés que nous venions de franchir la limite de la région de Canada. Alors Cartier a ordonné que l'on jette l'ancre entre la côte nord et une grande île débordante de vignes naturelles [1], à la hauteur d'un village

1. L'île d'Orléans.

qui s'appelle «Aquechenunda». Les gens du pays,
qui pêchent ici l'esturgeon, ont d'abord manifesté
beaucoup de méfiance à notre égard. Il a fallu que
Taignoagny et Domagaya abandonnent leurs vêtements bretons pour être reconnus. Alors des
hommes et des femmes en grand nombre sont venus
plus aisément vers nos trois navires qui ne cessaient
de les impressionner. La rencontre a été très joyeuse,
mémorable même: danses et cérémonies d'accueil
ont duré toute la matinée. Ces gens ne se lassent pas
des feux de joie. Aussi, ils ont pris plaisir à échanger
des anguilles, de la farine de maïs et de gros melons
contre le pain, le vin et les menus objets habituels
que nous leur offrions. Ils ont regardé le vin avec un
effroi visible, comme si on les invitait à boire du
sang.

∞

À l'ouest, le soleil va bientôt disparaître derrière
les basses montagnes. Les gens d'ici, les Canadiens,
ont allumé des feux et il semble bien qu'ils vont con-
tinuer à célébrer notre retour en chantant et en dansant une partie de la nuit.

Ce matin, une imposante délégation d'une douzaine de barques s'est dirigée vers nous. À un certain
moment, deux d'entre elles se sont détachées pour
venir au plus près. Le seigneur de Canada, que nous

avons reconnu, s'est alors arrêté devant chacun de nos navires en prêchant debout et en gesticulant bizarrement pour manifester sa joie. Il s'est enfin immobilisé devant *La Grande Hermine* pour s'entretenir avec ses deux fils qu'il était visiblement enchanté de revoir après tant de mois. Du haut de notre vaisseau, Domagaya et Taignoagny l'ont assuré qu'ils étaient bien portants et avaient été bien traités là-bas, en France, où ils avaient vu beaucoup de constructions étonnantes, des églises, des châteaux, des maisons. Après avoir écouté avec attention, l'*agouhanna* — c'est ainsi qu'ils appellent leur seigneur — a tendu les bras en direction de notre capitaine pour l'inviter à venir dans sa barque. Maître Thomas Fromont a recommandé à Cartier d'être prudent, surtout de ne pas y aller seul, même si l'air était à la réjouissance. Cartier a demandé à quelques hommes de l'accompagner avec du pain et du vin, puis il a indiqué à nos deux indigènes de le précéder, ce qu'ils ont fait avec empressement, ayant compris qu'ils étaient désormais libres.

Les deux frères ont été accueillis et longuement étreints par leur père, Donnacona. Tous les marins appuyés sur la lisse, juchés dans les haubans, perchés dans les hunes ou rassemblés sur les entreponts, ont ensuite vu ce Donnacona embrasser Cartier, lui frotter les bras à la façon indienne, pour le remercier d'avoir tenu parole. Après que Cartier et nos hommes eurent regagné *La Grande Hermine,* les barques des autochtones se sont lentement éloignées. Domagaya m'a cherché un moment du regard avant de lever la main en signe de salut auquel je me suis hâté de répondre. À ses côtés, Taignoagny restait immobile, un peu en retrait. Il avait le visage fermé.

À la suite du départ des Indiens, Cartier n'a pas perdu de temps, comme à son accoutumance. Il a profité de la marée haute pour remonter le fleuve en barque et chercher en amont un havre sûr pour notre flotte, ce qu'il n'a pas tardé à trouver à l'entrée d'une petite rivière[1] où nous mouillons maintenant. Il l'a nommée Sainte-Croix parce que c'est aujourd'hui la fête de l'Exaltation d'icelle. Nous nous sommes ainsi rapprochés de Stadaconé, la demeurance du seigneur Donnacona et de son peuple. Cartier s'est montré sensible à la fertilité de la terre, à la profusion de la forêt environnante. Il a demandé que soient consignées dans le journal de bord toutes les sortes d'arbres que l'on voyait autour et que l'on connaît bien en France : chênes, ormes, frênes, noyers, pruniers, ifs, cèdres, vignes, pommetiers, etc.

Plus tard, les habitants de la région sont de nouveau venus tout en joie vers nous, les femmes chantant et dansant, la poitrine découverte, de l'eau jusqu'aux genoux. Comme à l'ordinaire, Cartier a dis-

---

1. La rivière Saint-Charles.

tribué à la ronde des petits couteaux en acier, des chapelets de verre. Il y a tellement de vignes qui poussent naturellement tout autour que, pour honorer le dieu du vin, Cartier a décidé de nommer la grande île qui nous fait face «île de Bacchus». Cela n'a pas eu l'heur de plaire à notre aumônier qui ne quitte jamais son calendrier ecclésiastique. Pour ma part, j'ai pensé que l'auteur de mon *Pantagruel* apprécierait.

Tous les jours, les gens viennent, dans leurs barques d'écorce, à proximité de nos navires pour manifester leur joie et leur amitié. Nous les accueillons de bonne grâce et leur offrons des petits objets de peu de valeur. Curieusement, tout se passe sur l'onde mouvante; nous ne descendons pas souvent à terre. Il faut ajouter que les hommes se sentent davantage en sécurité à bord. Sans doute craignent-ils d'être pris en otages à leur tour.

Nous avons constaté un changement subit d'attitude chez Taignoagny surtout, mais aussi chez Domagaya. Ceux-ci refusent maintenant de monter sur *La Grande Hermine*, malgré les invitations répétées de notre capitaine:

— Vous y comprenez quelque chose? Pourquoi ne veulent-ils pas venir sur le pont?

Puis, apostrophant les deux adolescents:

— Je vous prie de venir avec nous jusqu'à Hochelaga!

Comme les deux Indiens font la sourde oreille:

— Rappelez-vous que vous m'avez promis de nous accompagner! J'ai besoin de vous comme guides, comme interprètes. C'est grâce à vous si nous nous sommes rendus jusqu'ici.

Les autochtones discutent beaucoup entre eux, semblent partagés sur la décision à prendre. Cartier trépigne d'impatience car il projette d'aller au bout de ce fleuve qui peut-être conduit au royaume du Grand Khan.

Alors que nous sommes occupés à fixer des balises pour échouer nos deux plus gros navires au rivage, les gens du pays reviennent en grand nombre. Mais nous remarquons que Donnacona, ses fils et un petit groupe restent en retrait sur une pointe de terre qui s'avance dans le fleuve. Après les avoir observés un moment, Cartier commande à des matelots de le suivre.

— Venez avec nous, docteur. Vous pourriez nous être utile.

Quelques instants plus tard, me voilà sur la grève, face à Taignoagny qui s'est avancé pour accueillir notre délégation. Une certaine animosité noircit son regard.

Il me dit que son père, le seigneur Donnacona, trouve étrange que nos gens portent des bâtons de guerre alors qu'eux n'en ont pas. Cette remarque ne semble pas ébranler Cartier. Il réfléchit un moment en se grattant la barbe suivant son habitude, puis il me dit à voix basse :

— À mon tour d'être surpris, Kerjean : ce garçon connaît bien nos usages puisqu'il a vécu plusieurs mois parmi nous. Quoi qu'il en soit, il est hors de question que nous quittions nos navires sans nos épées et nos lances. Ce serait folie pure. On n'est jamais trop prudent avec ces primitifs. Dites-lui que, en dépit du mécontentement de son seigneur et père, je n'interdirai pas à mes hommes de porter des armes. Dites-lui que c'est une coutume française... de France !

Taignoagny rétorque qu'il a bien observé les habitants de Saint-Malo et qu'il n'est pas vrai que ceux-ci soient toujours armés. J'ai le sentiment que l'incompréhension gagne du terrain, qu'un fossé se creuse. Taignoagny ajoute que nous nous sommes installés ici sans l'autorisation préalable du conseil de sa bande. Cartier, qui a du mal à contenir son impatience, réplique qu'il n'a nullement l'intention de séjourner ici longtemps. Son désir le plus cher est de poursuivre sa route jusqu'à Hochelaga, puis jusqu'à la limite inexplorée de ce grand fleuve.

Après un moment de silence, Taignoagny se tourne vers Donnacona et, tout en me désignant du doigt, dit à son père que c'est moi qui ai pris en charge Domagaya durant son séjour en France. Alors le seigneur Donnacona vient lentement vers moi, me toise et, à ma grande surprise, me serre les bras. Ce geste inattendu d'affection contribue à détendre une atmosphère qui risquait de s'alourdir encore; tout le peuple qui nous observait à distance respectueuse a manifesté sa joie par trois cris prolongés.

Au moment de regagner *La Grande Hermine*, Cartier me glisse à l'oreille:

— Je me méfie des deux galopins que nous avons ramenés. Surtout de ce Taignoagny que j'ai maintenant peine à reconnaître. Qui plus est, il semble avoir une mauvaise influence sur les notables de son village.

— N'est-il pas vrai que sans eux nous ne serions pas ici?

— Ne l'ai-je pas reconnu?

Demain matin, la moitié de l'équipage partira pour Hochelaga, malgré l'opposition incompréhensible des Stadaconéens. Nous partirons avec *L'Émérillon* et deux barques. Nos plus gros navires resteront ici, à l'abri, avec le reste des hommes.

Avant-hier, une foule de quelque cinq cents personnes, des hommes, des femmes et des enfants, vraisemblablement toute la population du village, s'est rassemblée autour des navires en chantant, en dansant et en troquant leurs poissons, surtout des anguilles, contre nos menus objets. Cartier a ensuite reçu le seigneur indien accompagné d'une bonne douzaine de dignitaires. Taignoagny, qui, tout comme moi, semble devenu un porte-parole officiel, m'a informé que son père ne voulait pas aller à Hochelaga parce que le fleuve présentait trop de dangers à partir d'ici. Cartier a rétorqué avec fermeté :

— J'ai reçu l'ordre du roi mon maître de me rendre le plus loin possible à l'ouest. Et si Taignoagny, comme il nous l'a promis, vient avec nous, je m'engage à le ramener ici après avoir vu Hochelaga.

Mais Taignoagny a répondu qu'il n'irait pas à Hochelaga, qu'une promesse faite sous la crainte ne comptait pas, puis il s'est éloigné rapidement.

Hier, nouveau rassemblement imposant devant nos navires, avec chants, danses et offrandes habituels. Soudain les gens s'écartent et nous voyons Donnacona tracer un grand cercle sur le sable avec un bâton ; ensuite, il invite Cartier à venir le rejoindre sur la grève :

— À quoi rime ce manège ? demande Cartier.

— Ne dirait-on pas qu'il vient de tracer les limites de son territoire ?

— Décidément, Kerjean, vous ne manquez pas d'imagination.

Après avoir pris les précautions d'usage, nous sommes quelques-uns à accompagner le capitaine hors du navire et à pénétrer dans le cercle tracé par notre hôte ; celui-ci tient maintenant une fillette d'environ dix ans par la main. Immobile, mesurant ses gestes, sur un ton toujours égal, Donnacona commence alors une de ces grandes harangues qu'il semble apprécier et qui évoquent à mes yeux la manière de nos orateurs antiques ou de nos prêtres en chaire.

Les trois cris habituels ponctuent la fin de son discours dont je ne saisis malheureusement pas bien le sens, malgré mes quelques connaissances des rudiments de la langue. Mais je crois comprendre que Donnacona offre à Cartier la fille ainsi que deux garçons de sept ou huit ans.

— Pourquoi cela ? demande un Cartier étonné et méfiant.

— Je crois qu'il cherche à conclure un pacte d'alliance avec nous. Il offre ces enfants pour consacrer notre union. Pour que vous renonciez à votre voyage à Hochelaga.

— Je vois.

— Il m'assure que la fille est sa propre nièce, que l'un des garçons est son propre fils.

— Je ne comprends pas son obstination, observe Cartier après un court silence. Quelles relations ont-ils donc avec les gens d'Hochelaga ? Sont-ils ennemis ? Se font-ils la guerre ? Dites-lui que je le remercie du fond du cœur de sa générosité. Mais s'il me donne ces trois enfants dans l'intention que j'abandonne mon projet, c'est peine perdue. Dites-lui que je ne veux pas de ces gamins, qu'il les reprenne; pour rien au monde je ne manquerai d'aller à Hochelaga, parce que j'ai ordre formel de m'y rendre. Je ne peux trahir mon serment à mon Roi Très-Chrétien.

Pendant que j'écoutais mon maître, Taignoagny et Domagaya s'étaient rapprochés de Donnacona et avaient entamé avec lui une vive discussion. Enfin, c'est Domagaya lui-même qui m'a annoncé que son père confiait les enfants à mon capitaine uniquement par amitié et en signe d'alliance. Donnacona serait heureux de lui-même nous accompagner jusqu'au village d'Hochelaga.

Sur quoi l'échange verbal entre Donnacona et ses fils a repris et a même semblé s'envenimer, ceux-ci rappelant peut-être à celui-là leur long séjour forcé outre-Atlantique.

Cartier a ordonné que l'on conduise les enfants dans les navires, puis que l'on apporte deux épées et deux vases de cuivre, dont l'un finement ouvragé, pour les offrir à Donnacona.

Celui-ci a paru enchanté des présents; il a remercié chaleureusement notre capitaine et signalé à tous ses gens qu'ils pouvaient reprendre leurs chants et leurs danses. Puis Donnacona a adressé une étrange prière à Cartier : il voulait que l'on tire une pièce d'artillerie de l'un de nos navires ; il n'en avait jamais vu ni ouï, mais ses fils lui en avaient fait grand état.

Alors Cartier a ordonné que l'on tire une douzaine de boulets au milieu du bois voisin. Le bruit assourdissant de la canonnade a suscité une réaction aussi extrême qu'instantanée. Les indigènes se sont mis à hurler très fort. Tout le monde a déguerpi dans le plus grand désordre comme les tortues paniquées de l'île de Bacchus.

— Ma parole, s'est exclamé Cartier, on dirait que le ciel leur est chu sur la tête !

La rumeur a circulé tout à coup, apparemment suscitée par Taignoagny, que les gardiens de *L'Émérillon* dans la rade de Sainte-Croix avaient tué deux Indiens avec leurs bouches à feu. Cartier a demandé s'il était vrai qu'on avait tiré du canon ; on lui a assuré que non.

Aujourd'hui, nous avons assisté à un spectacle des plus inusités. Nous avons eu droit à une mise en scène digne de nos parvis de cathédrales. La foule des indigènes se tenait à l'orée de la forêt, n'osant s'approcher des navires cracheurs de feu. Alors que la marée nous encerclait doucement, les autochtones semblaient attendre quelque chose. Après plus de deux heures d'expectative, trois hommes sont apparus dans une barque, déguisés en diables, comme on en voit parfois chez nous, sur nos tréteaux. Le visage noirci, de longues cornes dressées sur la tête, des peaux noires et blanches sur le dos, l'un des diables s'est levé pour prononcer un sermon aussi inattendu qu'interminable. Puis ils sont passés devant nos navires sans nous prêter la moindre attention, tout concentrés sur leur manœuvre singulière, avant d'échouer leur barque sur la rive opposée. Alors les trois Indiens se sont laissés tomber au fond de leur embarcation comme s'ils avaient été foudroyés. Après un court moment, les compagnons de Donnacona les ont fait disparaître à l'intérieur du bois avec leur barque.

Nous nous sommes demandé ce que signifiait cette mise en scène. Contre quoi veulent-ils nous mettre en garde? Cette pantomime contient-elle une sorte de prédiction? Quelques instants plus tard, voilà Taignoagny et Domagaya qui sortent du bois et marchent vers nous, dans une attitude imprégnée de dévotion, les mains jointes, leur chapeau breton sous le bras. Taignoagny s'arrête le premier; il appelle Jésus trois fois en levant les yeux au ciel, puis à son tour Domagaya invoque non seulement Jésus et Marie mais encore Jacques Cartier! Nos hommes observent ce comportement bouche bée, médusés. Le capitaine me commande d'aller au-devant des Indiens:

— Cherchez à savoir à quoi riment toutes ces simagrées. Nous avons perdu assez de temps.

Les deux frères me disent que les trois hommes que nous avons vus sont des messagers porteurs de bien mauvaises nouvelles. Leur dieu, qui s'appelle Cudouagni, leur a appris qu'il y a tellement de neige et de glace à Hochelaga que nous y mourrons tous. À cette information, Cartier s'esclaffe, et le rire se communique à plusieurs des nôtres.

— Allons donc, c'est une plaisanterie! Nous sommes à la mi-septembre et il n'y a pas un brin de neige ici. Pourquoi y en aurait-il un peu plus loin? Si vous voulez mon avis, leur dieu est un sot qui raconte des fadaises. Et leurs comédiens sont piètres!

Dom Guillaume renchérit:

— Dites-leur, Kerjean, que notre Jésus saura bien nous garder du froid.

Taignoagny demande alors à notre capitaine s'il a eu un entretien avec Jésus. Cartier rétorque en désignant l'aumônier:

— Des prêtres m'ont parlé en son nom et ils m'ont assuré que nous aurions du beau temps.

J'apprends par la suite que Donnacona ne veut pas qu'un des siens accompagne Cartier jusqu'à Hochelaga s'il ne laisse ici un homme.

— Un otage? Il n'en est pas question. S'ils ne veulent pas nous accompagner de bon cœur, eh bien tant pis, Kerjean, nous nous passerons d'eux! Nous irons là où nous voulons aller par nos propres moyens. Je suis excédé par leurs tergiversations.

Taignoagny et Domagaya considèrent un moment notre aumônier tout vêtu de noir, puis

retournent vers les leurs. Peu après, plusieurs indigènes sortent de la forêt et s'approchent des navires,
comme ils ont coutume. Mais leurs chants et leurs
danses ne parviennent pas à me retirer un profond
malaise. Je crains que nous n'arrivions jamais à vraiment nous comprendre.

∞

Le 19 septembre, Cartier fait appareiller nos
deux barques et notre petit navire, *L'Émérillon*, pour
explorer l'amont de ce fleuve qui devrait nous conduire à Hochelaga, avec ou sans guides-interprètes.
Une cinquantaine d'hommes, sans compter les nobles,
seront du voyage qui revêt pour notre capitaine une
importance extrême. Encore une fois, nous avons le
sentiment de nous aventurer en territoire inconnu, ce
qui est toujours exaltant. Nous voyons défiler des
terres basses et grasses, des arbres somptueux, des
vignes en abondance. Le long des rives, des naturels
descendent dans l'eau avec une touchante affabilité
pour troquer leurs poissons contre nos menus objets.
Nous glissons lentement sur la voie d'eau, sans encombre, attentifs, médusés.

D'un village nommé Achelacy[1] est venu à notre
bord un seigneur autochtone qui, avec force gestes,

1. Portneuf.

nous a mis en garde contre les dangers du fleuve en amont. Nous nous sommes évidemment rappelé les mises en scène des natifs de Stadaconé, mais Cartier a décidé d'ignorer ces mauvais présages. Suivant une coutume bien singulière, ce même seigneur a offert deux de ses enfants à notre capitaine, qui a ainsi accueilli à bord une fillette de huit ou neuf ans. Toutefois, il a refusé un garçon de deux ou trois ans. J'aimerais comprendre à quoi rime ce type de don. J'ai le sentiment qu'il y a encore beaucoup de choses qui m'échappent ici.

Pendant une dizaine de jours, nous poursuivons tranquillement la remontée du grand fleuve. L'écrivain du bord en profite pour recenser avec soin les beaux arbres qui se présentent à notre regard émerveillé : chênes, ormes, noyers, pins blancs ou rouges, sapins, épinettes, saules, merisiers, bouleaux blancs, frênes blancs, rouges ou noirs. Il fait aussi l'inventaire des oiseaux qui agrémentent notre parcours de leurs couleurs, de leurs chants : grands hérons, cygnes trompettes, outardes, oies blanches, canards, pluviers, perdrix, merles, grives, goélands, mouettes, chardonnerets, fauvettes, pinsons, etc. Les rivages sont tellement encombrés de vignes que nos marins en reviennent les bras chargés de grappes. Leur raisin est néanmoins plus petit, moins sucré que le nôtre. Avec tous ces arbres, ces vignes, ces oiseaux, on se croirait chez nous, naviguant sur un de nos beaux fleuves de France, le Rhône, la Loire ou la Seine. Mais il y a aussi des hommes et des femmes basanés, à demi nus, qui saluent notre passage.

Le fleuve débouche sur un très grand lac[1] que nous avons exploré vainement tout un jour, au grand dam de notre capitaine qui a dû regretter l'absence de guides indiens. L'extrémité ouest de ce lac est occupée par des îles[2] qui multiplient les passages étroits et périlleux. Les mauvais présages seraient-ils justifiés?

Heureusement, dans l'une de ces îles, nous sommes tombés sur quelques hommes qui venaient de capturer de gros rats musqués. Ils nous ont conviés à en partager l'excellente chair autour d'un réconfortant feu de braise. Ils sont ensuite montés dans nos barques sans manifester la moindre crainte, avec un naturel parfait et déroutant. Pour éviter que notre capitaine ne trempe de nouveau ses hauts-de-chausse, un indigène d'une taille impressionnante l'a porté dans ses bras musclés de la rive au galion avec une aisance incroyable, comme si Cartier n'avait été qu'un fétu de paille. Nos frêles gentilshommes en sont restés pantois. En échange de rats musqués, les Indiens ont accepté avec reconnaissance des couteaux et des chapelets. J'ai demandé à ces natifs si nous ne nous étions pas écartés du chemin

1. Le lac Saint-Pierre.
2. Les îles de Sorel.

d'Hochelaga. À force de parlementer avec des
signes, j'ai fini par comprendre qu'au-delà des îles
encombrantes nous retrouverions le cours du fleuve
et atteindrions Hochelaga dans les trois jours. Le
soulagement était visible sur le visage de notre capitaine. Décidément il est difficile de nous passer des
habitants de l'Inde pour trouver notre route.

∞

Il semble bien que, pendant une bonne partie
de la nuit, les feux vont être entretenus et que les
danses se poursuivront au bord du fleuve, rythmées
par les tambours et les crécelles.

L'accueil d'Hochelaga a été bouleversant. Par
temps beau et bon, pas moins de mille personnes
attendaient visiblement notre venue. Je revois encore
les femmes amenant leurs enfants à seule fin qu'ils
puissent toucher notre capitaine. Ces gens-là ont-ils
jamais vu d'autres peuples? Pour qui nous prennent-
ils? Pour de simples étrangers ou des êtres hors du
commun? Peut-être pour des demi-dieux? Il y a là
un comportement qui me trouble profondément.

— Peut-on imaginer peuple plus hospitalier?
ai-je fait remarquer à notre écrivain-greffier.

— Un père n'a jamais mieux accueilli ses
propres enfants, a opiné Jean Poulet, visiblement
remué.

Il a fallu abandonner *L'Émérillon* à la sortie du grand lac, à cause de l'impossibilité de traverser les îles par un des chenaux; ceux-ci étaient trop étroits et les fonds pouvaient réserver de mauvaises surprises. Nous avons donc continué notre remontée du fleuve avec seulement nos deux précieuses barques, chargées de vivres pour quelques jours. Nous sommes une trentaine d'hommes dont l'aumônier, le commis aux écritures et moi, ainsi que quelques gentilshommes qui pourront plus tard témoigner en haut lieu de ce qu'ils ont vu. Sur notre passage, les gens du pays n'ont pas cessé de nous apporter poissons, viandes fumées et galettes de maïs. Dom Guillaume est allé jusqu'à évoquer cette nourriture miraculeuse que la Providence avait envoyée aux Hébreux durant leur éprouvante traversée du désert.

Ces gens n'ont rien, pour ainsi dire; pourtant, ils dansent et chantent tout le temps, ce qui ne cesse de m'étonner.

∞

Ce matin, dimanche 3 octobre, Cartier a manifesté le désir de voir le village d'Hochelaga, plus éloigné du fleuve que Stadaconé. Il entend aussi gravir la montagne qui se profile à l'horizon. Notre maître et les gentilshommes ont mis leurs plus beaux costumes pour l'occasion : pourpoints d'argent, dentelles, manches brodées, cols montants, toques en velours, hauts-de-chausse bouffants, chausses collantes. Vingt marins nous accompagnaient, bien armés. Les naturels ont beau être hospitaliers, sans armes, Cartier ne se départit pas d'une certaine méfiance. Une dizaine de marins sont restés près des barques pour surveiller nos biens. Trois Indiens devaient nous conduire à Hochelaga.

Nous avons d'abord suivi un chemin bordé de chênes splendides; le sol était d'ailleurs jonché de glands tombés de ces arbres. Après une bonne heure de marche, nous avons été accueillis par un groupe d'Indiens qui avaient aménagé une aire de repos autour d'un bon feu. Ainsi, nous avons pu nous délasser et même nous restaurer avant de reprendre notre route.

Pendant notre halte, un seigneur indigène a improvisé un de ses longs prêches que l'on semble affectionner dans ces régions. On dirait que c'est leur façon à eux de faire connaissance ou de s'imposer comme seigneur et maître. Cartier a donné à cet *agouhanna* non seulement des haches et des couteaux mais aussi une petite croix qu'il a fait baiser respectueusement par l'Indien avant de la suspendre à son cou. L'homme a paru très satisfait de ce collier inattendu et il a remercié le capitaine avec effusion.

Environ une heure plus tard, nous débouchons sur une belle vallée qui présente une mosaïque impressionnante de terres cultivées. Les champs de maïs dominent ; je reconnais les larges feuilles vertes qui imitent si bien les fers de lance, les épis surmontés d'une sorte de houppette. À y regarder de près, on peut constater que le blé, appelé par les Indiens *ozisy*, fait bon ménage avec les courges et les haricots. Au milieu des champs se dresse le gros village d'Hochelaga, avec ses remparts en bois. Ceux-ci sont faits de troncs d'arbres plantés dans le sol et liés solidement les uns aux autres. Derrière le village, tout près, se découpe la montagne au sommet arrondi, dont les pentes sont également cultivées et que Cartier se promet bien de gravir plus tard.

— Ne dirait-on pas une des sept collines de Rome ? s'est exclamé un de nos gentilshommes, Charles de la Pommeraye. Avec plus ou moins d'à-propos, il faut bien le reconnaître.

Cartier s'est arrêté un instant pour cueillir quelques fruits des plantations.

— N'est-ce pas que ces grains de maïs ressemblent à nos petits pois ? Ils me rappellent aussi une céréale brésilienne, a-t-il ajouté sur un ton quelque peu rêveur.

∞

Avant même d'arriver au seuil des fortifications, nous avons été entourés par un grand nombre de personnes qui nous ont accueillis avec la ferveur habituelle.

Nous avons pénétré dans le village apparemment circulaire par une petite porte. À l'intérieur, j'ai d'abord été frappé par la disposition désordonnée des grandes maisons rectangulaires aux toitures voûtées. J'en ai compté une cinquantaine. Elles sont toutes semblables, construites avec le même bois que les palissades. Les toits sont recouverts d'écorces d'ormes dont les lambeaux sont cousus ensemble. Tout le long des clôtures, une construction pyramidale à trois étages, haute de deux lances, est surplombée d'étroites galeries accessibles par des échelles rudimentaires. Sur ces plates-formes sont entassés des pierres et des cailloux qui font office de boulets pour la défense du village. En plusieurs points de ce chemin de ronde, je remarque des baquets remplis d'eau qui doivent servir à éteindre les feux.

C'est la première fois que nous voyons un village indien fortifié. Ces gens d'apparence si paisible ont donc des ennemis ? Y a-t-il des escarmouches, des embuscades, des guerres ?

Des femmes utilisent des pilons en bois pour broyer les grains de maïs dans des troncs d'arbres qui sont encavés comme des mortiers. Elles travaillent cette pâte pour en faire des pains ronds qu'elles cuisent entre des pierres plates. J'ai demandé à l'une des femmes comment s'appellent ces galettes; elle m'a répondu en souriant:

— *Carraconny!*

Sur un signal de nos guides, nous nous sommes arrêtés sur la place principale du village. Alors, à notre grand étonnement, des femmes en très grand nombre sont venues vers nous en pleurant quasiment de joie. Plusieurs étaient accompagnées de leurs enfants. Elles frottaient nos visages et nos bras comme pour bien s'assurer que nous étions réellement présents, que nous n'étions pas des fantômes. Elles nous demandaient même de toucher leurs gamins comme si nous détenions quelque pouvoir magique.

Après le départ des femmes, les hommes ont fait cercle autour de nous, puis ils se sont installés par terre comme si nous allions leur déclamer des vers ou jouer une pièce. Des femmes sont alors revenues; elles transportaient des nattes aux couleurs vives, tressées avec des feuilles de maïs; elles les ont mises sur le sol pour que nous puissions nous asseoir. Peu après, nous avons vu arriver le roi et seigneur du pays. Âgé d'environ cinquante ans, assis sur une grande peau de cerf, il était porté par une dizaine d'hommes. Ceux-ci ont déposé l'*agouhanna* devant notre capitaine avec déférence et précaution, car leur seigneur avait visiblement de la peine à se mouvoir. Il n'était pas mieux vêtu que ses compatriotes, sinon que son front était ceint d'un bandeau confectionné de piquants de porc-épic peints en rouge, ce qui était du meilleur effet. Qui aurait pu imaginer que l'on puisse fabriquer pareil insigne avec des piquants de porc-épic !

Après avoir souhaité la bienvenue par des signes évidents, le roi des indigènes a montré ses bras et ses jambes à notre capitaine, puis il l'a prié de toucher ses membres, comme si ce simple geste allait lui apporter la guérison. Cartier s'est tout de suite récrié :

— Le médecin, ce n'est pas moi. C'est vous, Kerjean, a-t-il ajouté en se tournant de mon côté.

— Mon capitaine, ai-je dit, ce pauvre homme me semble perclus de rhumatismes. Je ne peux pas grand-chose pour lui.

— Et moi, vous croyez que je suis un faiseur de miracles ! a rétorqué Cartier. Allons, que puis-je faire ?

Alors Claude du Pontbriand, dont le père est seigneur de Montréal dans le Gers, est intervenu :

— Faites comme ces femmes de tout à l'heure, a-t-il conseillé ; frottez les bras et les jambes de ce malheureux.

Il était stupéfiant de voir l'*agouhanna* se soumettre docilement au manège malhabile du capitaine.

Quand celui-ci s'est écarté, le vieil homme a pris le bandeau qui lui ceignait le front et l'a offert à Cartier, qui a fait un pas en arrière :

— N'est-ce pas sa couronne qu'il m'offre ?

— Ce n'est peut-être qu'un présent, mon capitaine, a fait remarquer Thomas Fromont. Il siérait, je crois, de le recevoir.

Après un moment d'hésitation, Cartier a accepté la coiffure rouge. Aussitôt, sortis comme d'un tableau de Breughel, nous avons vu une cohorte d'aveugles, de borgnes, de boiteux et d'impotents venir vers le capitaine et réclamer le même traitement. Aucun doute, ils prennent Cartier pour le bon Dieu. Ces gens ne parlent pas tout à fait la même langue que leurs congénères de Stadaconé, et il m'est difficile de servir de truchement.

Comment rester insensible devant l'état pitoyable de ces malades et l'innocence de tout ce peuple? Cartier a commandé qu'on lui apporte un exemplaire du Nouveau Testament et il a lu un extrait de l'Évangile selon saint Jean.

— «Celui qui croit en moi, croit non pas en moi, mais en celui qui m'a envoyé; et celui qui me voit, voit celui qui m'a envoyé. Moi, je suis venu dans le monde en tant que lumière, afin que quiconque croit en moi ne reste pas dans les ténèbres. Si quelqu'un entend mes paroles et ne les garde pas, ce n'est pas moi qui le condamnerai, car je suis venu non pour condamner le monde, mais pour sauver le monde.»

Dom Guillaume a tracé un signe de la croix sur le front des malades. Il a joint les mains et prié Dieu pour que ces païens apprennent vite les rudiments de notre très sainte foi. Les indigènes, à leur tour, unissaient leurs mains et regardaient le ciel avec une touchante candeur. Je me suis rappelé le comportement de Taignoagny et de Domagaya imitant nos gestes de dévotion.

Visiblement ému, Cartier a demandé un recueil de prières et il a commencé à lire à haute voix la Passion de Notre-Seigneur selon saint Matthieu :

— « Puis, étant arrivés à un lieu dit Golgotha, c'est-à-dire "lieu du Crâne", ils lui donnèrent à boire du vin mêlé de fiel ; mais, l'ayant goûté, il ne voulut pas boire. Quand ils l'eurent crucifié, ils se partagèrent ses vêtements en les tirant au sort. Et, s'étant assis, ils le gardaient. Au-dessus de sa tête ils mirent un écriteau indiquant la cause de sa condamnation. »

Pendant tout le temps qu'a duré la lecture, la population d'Hochelaga a gardé un silence respectueux même si elle ne comprenait probablement pas un mot de ce que notre maître racontait. Par ailleurs, c'est avec une infinie curiosité que l'auditoire a vu un Français tourner les pages d'un livre.

Après la lecture à haute voix, le capitaine a fait ranger les hommes d'un côté, les femmes de l'autre ; tous ont obéi avec une totale docilité aux indications de nos mariniers. Alors Cartier a donné aux hommes des couteaux et des hachettes, aux femmes des chapelets et d'autres choses. Enfin, il a jeté aux pieds des enfants des petites bagues et des médailles d'étain. Les gamins se sont précipités sur ces objets avec un entrain contagieux.

Pour souligner le caractère solennel de la rencontre, le capitaine a commandé que l'on sonne les trompettes ; la sonnerie officielle a provoqué une excitation quasi aussi grande que les canons.

Nous allions nous retirer quand des femmes se sont interposées pour nous offrir des poissons, des pains de maïs et, dans des pots enjolivés, au col saillant, de la soupe, des haricots et des courges. Mais tous ces mets sont fades ; on n'y trouve pas la moindre trace de sel, ce sel qui, depuis l'Antiquité, nous est indispensable. Aussi, nos gens ont clairement affirmé que nous n'avions pas besoin de nous restaurer.

Pour faire diversion, Cartier a alors demandé de visiter l'intérieur d'une de ces immenses maisons d'écorce à toitures voûtées. Ces habitations sont assez grandes pour recevoir une cinquantaine de personnes. Dès l'entrée, nous avons été saisis par la pénombre et une fumée âcre ; celle-ci chassait les moustiques mais irritait nos yeux. Je n'ai pas vu de fenêtres dans ce bâtiment, si ce n'est des ouvertures pratiquées dans le toit pour l'évacuation de la fumée. Par ailleurs, le couloir central est occupé par des feux qui servent entre autres choses à fumer des anguilles suspendues sur des poutres. Des banquettes qui tiennent lieu de lits ou de sièges longent les cloisons.

La maison est divisée en plusieurs aires pour séparer les familles, mais celles-ci semblent partager les vivres. Les gens entassent du blé dans des greniers haut perchés et conservent une grande quantité de poissons séchés dans des tonneaux d'écorce, sans doute pour la saison froide.

Leurs couchettes sont constituées d'écorces de bois étendues librement sur le sol. Leurs couvertures sont faites des mêmes peaux que leurs vêtements : nous avons identifié des peaux rousses de renards et de lynx, d'autres de loutres, de castors, de martres, de cerfs. Mais la plupart des indigènes préfèrent aller quasiment tout nus, même en ce début frisquet d'octobre. Ils se distinguent par leur incroyable endurance au froid.

Accompagnés de plusieurs hommes et femmes, nous avons ensuite entrepris l'ascension de la montagne voisine du grand village d'Hochelaga.

Du sommet nous pouvions voir fort loin aux alentours. C'était une belle journée claire d'automne ; de nombreux arbres étaient dégarnis de leurs feuilles, ce qui nous permettait une meilleure vue. D'autres montagnes se profilaient à l'horizon comme des dinosaures endormis, tant au nord et au sud qu'à l'ouest. Entre ces montagnes s'étalait la terre la plus belle et la plus fertile que l'on puisse imaginer. Et au milieu de ces prairies le fleuve nous est apparu dans toute sa magnificence.

Ce n'est pas sans mal que nous avons pu obtenir des autochtones quelques renseignements sur les environs. En amont de l'endroit où nous avons laissé nos barques, il y a des rapides dangereux[1] que nous ne pourrons pas traverser ni avec nos navires ni avec nos barques. Au delà de ces rapides le fleuve continue, et paraît-il qu'on peut naviguer encore pendant des jours, des semaines, des mois, avant d'atteindre le pays de la cannelle et du girofle. Nous sommes encore loin du compte.

En indiquant la chaîne en argent qui pendait du sifflet de manœuvre de notre capitaine et un manche de couteau qu'un de nos compagnons portait à sa ceinture, les indigènes nous ont informés que les métaux précieux viendraient par une grande rivière du nord-ouest[2]. Toutefois, des ennemis y résident, des *agojudas* qui leur mènent continuellement la guerre. Quant au cuivre rouge, le *cagnetdazé* que leur montre Cartier, il proviendrait plutôt de la fabuleuse région du Saguenay.

Sur le trajet du retour à nos barques, des indigènes robustes ont porté sur leurs dos nos gentilshommes que la grimpée avait éreintés. Spectacle ahurissant de voir des hommes quasi nus portant d'autres hommes vêtus de costumes d'apparat et embarrassés par leurs épées.

1. Les rapides de Lachine.
2. La rivière des Outaouais.

Cartier a nommé la montagne mont Royal.

☙

À la fois aventureux et réfléchi, Cartier n'a pas voulu s'attarder à Hochelaga. La perspective d'avoir à affronter des rapides dangereux et des tribus guerrières, l'éloignement de nos navires laissés depuis une semaine à la sortie du grand lac[1] qui prolonge le fleuve, et sa méfiance indéracinable à l'égard des peuples indigènes, voilà autant de raisons qui l'ont poussé à revenir à Stadaconé. Pourtant, les habitants d'Hochelaga ont semblé beaucoup regretter notre départ. Bon nombre d'entre eux nous ont accompagnés tant qu'ils ont pu sur le chemin du retour.

Après avoir retrouvé nos trois navires, nous avons continué à remonter le cours du fleuve. Passé le grand lac, entre Hochelaga et Stadaconé, nous avons exploré une rivière, la rivière de Foix[2]. Nous avons aussi planté une croix sur une île, car elle s'avance dans le fleuve et est visible de loin.

Aujourd'hui, lundi 11 octobre. Il nous a fallu une semaine pour revenir au havre Sainte-Croix.

1. Le lac Saint-Pierre.
2. La rivière Saint-Maurice.

Le village de Pomeioc, dessin de John White (1585),
représente un village iroquoïen palissadé comme celui d'Hochelaga.

5

L'hiver qui tue

Nos marins étaient fort heureux de retrouver leurs maisons flottantes. Pendant notre absence, suivant les ordres de notre capitaine, ils ont construit un fort avec des troncs d'arbres et installé des canons sur l'enceinte.

Une délégation d'indigènes conduite par Donnacona lui-même s'est vite présentée à nous. Après les amabilités coutumières, Donnacona a solennellement invité notre capitaine à lui rendre visite. C'est ainsi qu'aujourd'hui, pour la première fois, nous sommes entrés à Stadaconé, comme nous l'avions fait quelques jours plus tôt à Hochelaga. Les gentilshommes nous accompagnaient ainsi qu'une cinquantaine de marins solidement armés.

Stadaconé est un village ouvert, sans palissade, sis sur les hauteurs qui surplombent les berges de la rivière Sainte-Croix où nos trois navires sont amarrés.

Après les cérémonies d'usage et les échanges de cadeaux, nous avons traversé le village et été reçus dans la maison de Donnacona. Nous avons tout de suite remarqué l'abondance des vivres accumulés pour l'hiver prochain.

Donnacona a montré au capitaine un curieux ouvrage : cinq chevelures avec leurs peaux fixées sur des perches plantées en terre. On obtient ce genre de dépouille en pratiquant une incision autour du sommet de la tête de l'ennemi mort ou assommé. Le couteau fait office de scalpel. Puis, avec les mains, il s'agit de détacher la peau du crâne qui vient avec toute la chevelure. Donnacona a expliqué que ces singuliers trophées avaient été prélevés chez les Toudoumans[1], lesquels habitent plus au sud mais font continuellement la guerre à son peuple.

Puis Donnacona a raconté une histoire épouvantable.

Il y a deux ans, pas moins de deux cents hommes, femmes et enfants de Stadaconé se dirigeaient vers

---

1. Peut-être des Micmacs.

Honguedo pour la pêche saisonnière. Ils se sont arrêtés dans une île pour y passer la nuit. Paraît-il qu'on y trouve une colonie de grands hérons bleus ainsi que des fours laissés par des pêcheurs basques, qui servaient à extraire l'huile des baleines. Surpris dans leur sommeil par des Toudoumans enragés, les deux cents indigènes de Stadaconé ont presque tous été tués. Donnacona estimait que ce terrible assaut dans l'île du Massacre ne devait pas rester impuni.

Nous sommes revenus songeurs à nos navires et à notre fort.

— Qu'est-ce qu'il attend de nous ? a demandé Cartier. Que nous mettions nos forces à son service ?

Personne n'a osé lui répondre.

Il y a eu trois semaines de grande tension.

Alors que, chaque jour, les Canadiens venaient à nous pour échanger leurs anguilles, leurs éperlans et leurs brochets contre nos couteaux, nos poinçons et nos chapelets, ils ont commencé à bouder nos objets en disant que dans notre pays ces choses ne valaient rien, contrairement à leurs poissons.

— Il est difficile de ne pas en convenir, a marmonné Cartier. Mais jusqu'à ce jour ils se sont accommodés de nos babioles… Qui donc leur a mis ces idées dans la tête ?

Puis nous avons eu la visite surprise du seigneur du village d'Achelacy qui avait donné une petite fille sur la route d'Hochelaga; ce seigneur nous a assurés que Donnacona et ses fils étaient des traîtres, des *agojudas*. Il s'est servi du même terme que Donnacona avait utilisé pour nommer ses ennemis en provenance du sud. Cartier a semblé donner raison à ce seigneur indigène, mais je me suis demandé quel était l'intérêt de celui-ci.

Plus tard, Donnacona a fait savoir par un messager qu'il voulait reprendre les trois enfants donnés au capitaine un mois plus tôt. Cartier n'a pas voulu céder. Coïncidence? Quelques heures plus tard, la fillette de dix ans a réussi à s'échapper de *La Grande Hermine*. Alors Cartier a mis sous étroite surveillance les deux garçons qui restaient. Pendant quatre ou cinq jours, je puis dire que la méfiance a été à son comble, les Canadiens s'abstenant de nous rendre la plus petite visite. Cartier a imputé cette discorde à la mauvaise foi de Taignoagny et de Domagaya.

— Il faut consolider le fort, a-t-il décrété. Nous ne serons jamais assez prudents.

Il a fait creuser des fossés larges et profonds autour de la fortification, construire une porte avec pont-levis, comme dans nos provinces, aménager une cheminée de pierres au centre du fortin. Il a organisé une surveillance continue avec changements de quart et sonnerie régulière des trompettes, pour impressionner les Canadiens.

Donnacona et ses fils, courroucés d'être en la mauvaise grâce du capitaine, sont venus plusieurs fois pour parlementer, prenant toutefois la précaution de ne pas franchir la rivière qui nous sépare. L'Indien a demandé au capitaine s'il était courroucé, pourquoi il ne venait plus à Stadaconé.

— Vous n'êtes que des fourbes et des méchants! a hurlé Cartier. Vous n'avez pas respecté votre promesse de me conduire à Hochelaga. Vous avez repris la fille que vous m'aviez donnée, sans parler des autres traîtrises... Malgré tout cela, si vous voulez désormais être gens de bonne volonté, je suis disposé à vous accorder mon pardon.

Les indigènes ont remercié le capitaine et promis de lui rendre la fille qui s'était enfuie.

Hier, 4 novembre, Domagaya et six hommes sont venus à nos navires pour donner les nouvelles suivantes: Donnacona est parti à la recherche de la fillette, qui est sa propre nièce; aujourd'hui, elle sera ramenée au capitaine. Par ailleurs, Taignoagny est fort malade, et il nous prie de lui envoyer un peu de sel et de pain.

— C'est Jésus qui est fâché pour les mauvais tours qu'il a voulu me jouer! a clairement fait savoir Cartier.

Vendredi 5 novembre. Un ciel de plomb, métallique, scellé. Une petite pluie sournoise qui s'insinue jusqu'aux os. Donnacona, ses fils, dont Taignoagny, apparemment bien portant, et plusieurs autres ont ramené la fille. Alors Cartier a dit :

— Je n'en veux pas. Vous pouvez la ramener chez elle.

Les Canadiens ont affirmé qu'ils ne lui avaient aucunement conseillé de s'enfuir, mais qu'elle s'en était allée parce que des garçons l'avaient maltraitée. Ils ont prié derechef le capitaine de la reprendre.

— Fort bien, a seulement fait celui-ci.

Après quoi, le capitaine a réclamé du pain et du vin pour marquer la réconciliation apparente.

Est-ce que je commence à comprendre ? Les indigènes de Stadaconé cherchent une alliance exclusive avec Cartier, d'où une certaine jalousie entre villages et le don des enfants. Les gens de ce pays veulent commercer avec les Français, obtenir leur soutien en temps de guerre. Pour sa part, Cartier veut utiliser les indigènes pour connaître et explorer le territoire et, si possible, atteindre Singui, la ville de la soie et des six mille ponts, et Cipingu, l'île remplie d'or fin et de perles roses. Les desseins sont bien différents. Autant que les façons de vivre.

J'ai passé une dizaine de jours à Stadaconé. Comme les relations avec les autochtones redevenaient bonnes, Cartier ne s'est pas objecté à ma demande. Je voulais en savoir davantage sur leur langue, leurs façons de vivre et de penser. J'ai donc été reçu par Domagaya lui-même qui a semblé heureux de ces retrouvailles moins officielles.

Au fond de la longue maison, des jeunes gens jouaient aux osselets avec un enthousiasme indéfectible. Dans un autre coin, une femme en deuil se noircissait le visage avec du charbon. Tout en partageant de la fécule de maïs rehaussée de pièces de gibier, j'ai pu obtenir des informations précieuses. D'abord sur le territoire immédiat, notamment les noms des villages voisins de Stadaconé : à l'est, Ajoasté, Starnatam, Tailla, Satadin ; à l'ouest, Toquenouday, Hochelay. Des villages non clôturés, en bordure du fleuve qui nourrit et transporte les habitants. Autant que j'aie pu en juger, toutes ces bourgades sont sous la juridiction des Stadaconéens. Ceux-ci, cela se confirme, n'ont pas l'air d'avoir en très haute estime les habitants d'Hochelaga. Ils ne voient pas d'un bon œil que nous entretenions de cordiales relations avec eux, que nous établissions une alliance quelconque. D'ailleurs je me demande si notre présence dans les environs n'a pas pour effet de raviver les rivalités.

Bien qu'il n'ait jamais vu ces choses de ses propres yeux, Domagaya m'a assuré qu'il y a, à l'extrême nord, toujours dans les parages du Saguenay, des gens vêtus de draps comme nous ; il y aurait même plusieurs villes, et on y trouverait de l'or et du cuivre rouge en quantité. Il m'a aussi parlé d'une terre, loin au sud, où il n'y a jamais de glaces ni de neiges : on y trouve des oranges, des amandes, toutes sortes de fruits rares. En revanche, il n'y a pas d'or ni de cuivre, et les combats sont continuels et acharnés. Ce lieu lointain pourrait-il être la Floride, qu'un Espagnol du nom de Ponce de León a découverte il y a une vingtaine d'années ?

Domagaya m'a parlé de son dieu et de son paradis. Son dieu, qui se nomme Cudouagni, parle souvent à ses fidèles. Par exemple, il leur annonce le temps qu'il fera. Quand il est fâché, il leur jette de la terre aux yeux, mais il ne donne pas la maladie, comme notre Jésus, a ajouté Domagaya avec un sourire malicieux. Les morts rejoignent les étoiles, puis disparaissent au bas de l'horizon comme elles, avant d'atteindre le royaume des champs verdoyants, des beaux arbres robustes et des fruits délectables ; leur paradis se confond aisément avec le paysage, la nature.

Les indigènes partagent apparemment tous leurs biens. Ils ne distinguent pas vraiment le *mien* du *tien*, ignorent la possession, par conséquent le vol. Une forme d'union conjugale existe, qui ressemble au mariage, mais l'homme peut avoir deux ou trois épouses. La liberté sexuelle est admise chez les jeunes gens jusqu'à ce que les filles trouvent un conjoint ; il y a même des bâtiments désignés pour les accueillir.

Domagaya m'a montré deux objets remarquables. D'abord un collier de porcelaines. L'*esnoguy* est d'une dimension modeste, mais c'est pour lui la plus précieuse chose au monde, autant que l'or et l'argent. Ce collier est fabriqué de perles de coquillages aux couleurs finement dosées pour composer diverses figures — et je me suis rappelé les coquilles que Domagaya avait disposées près de la tête de ma mère.

Avant de disposer du cadavre d'un criminel ou d'un ennemi, les Indiens pratiquent de grandes incisions aux membres. Ils descendent le corps ainsi tailladé au fond de l'eau et le laissent là pendant une dizaine d'heures. Lorsqu'ils le remontent, ils prélèvent les coquillages qui se sont déposés dans les coupures. Ils les fragmentent, les polissent, les transpercent avant de les enfiler pour en faire des colliers, des ceintures ou des écharpes d'une rare beauté. On attribue à ces parures une valeur marchande et même des vertus magiques comme celle d'arrêter les saignements de nez.

Le second objet est tout à fait singulier, et il n'est utilisé que par les hommes. Domagaya a désigné un sac que ses compatriotes mâles portent parfois au cou ou à la ceinture. Il contient une herbe séchée que l'on fait poudrer facilement avec les doigts. L'homme la tasse à l'intérieur d'un cornet de pierre ou de bois, qu'on appelle *kinikinik*; il allume cette poudre en y mettant un morceau de charbon ardent. Ensuite, il suce longuement le tuyau par l'autre bout et s'emplit le corps de fumée. À l'expiration, celle-ci sort par la bouche et les narines — comme par une véritable cheminée! L'Indien se laisse envahir par cette fumée âcre qui s'ajoute à celle qui remplit déjà la maison à cause des boucanages et qui m'enflamme les yeux. Envahi par le feu qui est relié au soleil, lequel donne lumière et chaleur, Domagaya dit que cette herbe lui apporte le calme et l'aide à réfléchir. De plus, elle le réchauffe et le revigore durant la saison froide; il peut ainsi tromper la faim pendant cinq ou six jours.

J'ai porté à mes lèvres ce tuyau orné de poils de porc-épic, terminé par un petit fourneau bourré d'herbe pilée; après avoir inspiré, j'ai eu l'impression désagréable que tout mon corps était occupé non par un dieu solaire mais par de la poudre de poivre. Domagaya riait à gorge déployée de me voir tousser à perdre haleine.

Leur vie est tellement différente de la nôtre, autant que leur langue. Mais force est d'admettre qu'ils ne semblent pas mécontents de leur sort. Leur existence peut nous paraître misérable, mais ce n'est pas ainsi qu'eux la perçoivent. De quel droit leur imposerions-nous des façons de vivre qui ne leur conviennent pas?

De retour à *La Grande Hermine*, j'ai fait rapport au capitaine de ce que j'avais vu et entendu ; il a paru fort satisfait des renseignements que j'avais glanés. Il m'a demandé de les communiquer sans tarder à notre écrivain pour qu'ils soient transcrits dans le journal de bord. En revanche, dès le soir de mon retour, j'ai eu droit à quelques remontrances de la part de Dom Guillaume :

— Voyons, Kerjean, il fallait sans délai lui remontrer ses fautes, à ce sauvage. Son Cudouagni est visiblement un mauvais esprit qui l'abuse, une incarnation diabolique. Il faut vite leur annoncer, à ces pauvres gens, qu'il n'y a qu'un seul vrai Dieu, celui des chrétiens, celui qui est au Ciel et qui nous donne tout, le Créateur de toutes choses. En lui seulement nous devons croire, vous le savez bien. Il faut être baptisé ou aller en enfer, voilà l'alternative. Voilà la vérité qu'il faut leur transmettre. Il faut aussi leur enseigner les lois sacrées du mariage, le respect de la propriété…

— Mon père, je n'avais pas envie de faire la leçon à mon hôte. J'avais seulement envie d'écouter, de regarder, de….

— Ne sentez-vous pas que ce peuple pourrait se convertir aisément à notre sainte religion ?

Nous sentions le froid de la mi-novembre pénétrer la cabine. Et je trouvais plaisant que le nom de Dom Guillaume ait quelque chose de commun avec celui de « Dom Agaya »…

∞

Un soleil aveuglant combat le froid impitoyable de la nuit, découpe nettement les ombres sur la neige étincelante. Le ciel est d'une franche luminosité. Depuis deux mois, nous sommes littéralement prisonniers des glaces. Les bancs de neige sont si élevés qu'ils submergent les bords des navires. L'intérieur des cloisons est recouvert d'une tenace couche de givre qui nous brûle les mains. Le fleuve est gelé d'une rive à l'autre, tout comme le vin et le cidre dans nos barriques. Ce froid est autrement plus pénétrant que celui qui oblige parfois nos paysans à remettre en terre leurs semences.

Et, comme si cela ne suffisait pas, je vis en tant que médecin l'expérience la plus éprouvante qui se puisse imaginer. Une maladie aussi soudaine qu'inconnue est en train de décimer l'équipage. Les symptômes me semblent quelque peu différents de ceux qui caractérisent cette peste tellement répandue dans notre royaume.

En décembre, plusieurs indigènes de Stadaconé ont été gravement malades. Une véritable épidémie s'est répandue dans le village puisqu'on y a dénombré pas moins de cinquante morts. Cartier a alors défendu aux étrangers d'approcher nos positions. Malgré cette interdiction, des signes inquiétants sont apparus chez plusieurs de nos marins. Ils accusent d'abord une grande faiblesse jusqu'à perdre la faculté de se tenir debout. Puis les jambes commencent à enfler, les nerfs se contractent et noircissent. La maladie, qui engendre de terribles souffrances, monte aux cuisses, aux hanches, gagne les épaules et le cou. Les gencives pourrissent, les hommes crachent leurs dents.

En ce moment, à la mi-février, il n'y a pas dix hommes sains sur cent dix, et nous comptons déjà huit morts. J'essaie de soulager tous ces malheureux, mais je me sens totalement impuissant devant les progrès fulgurants de la contagion. Les saignées que je pratique ne font qu'affaiblir davantage les moribonds. Nous y passerons tous si Dieu ne nous vient pas bientôt en aide. La pantomime des Indiens, qui semblait annoncer une tragédie, me revient douloureusement en mémoire. Nous ne sortirons pas vivants de cette expédition. La neige sera notre linceul. Nous ne reverrons jamais notre pays.

Hier soir, au crépuscule, le soleil était rouge sang. Ce matin, des vapeurs denses montaient du fleuve gelé.

Une procession, à laquelle participaient ceux qui étaient encore capables de marcher, s'est péniblement mise en branle parmi les neiges et les glaces. Cortège dérisoire, grelottant, souffreteux, qui murmurait des prières désespérées et entonnait faiblement les Psaumes de David. Je me suis rappelé un défilé qui avait pris place à Saint-Malo pour conjurer une mémorable sécheresse.

À quelques pas du fort, notre aumônier a célébré la messe devant une image de la Vierge Marie fixée à un arbre. Cette sorte d'image que les délinquants profanent dans mon pays.

Selon la coutume des marins qui affrontent de grandes épreuves, Cartier a fait le vœu que si Dieu lui accorde la grâce de revoir la France, il ira sans tarder en pèlerinage à Notre-Dame de Rocamadour, pour prier devant l'autel de la petite Vierge noire. Notre patrie devient plus précieuse que tous les métaux que nous recherchons.

Toutes ces dévotions n'ont malheureusement pas empêché Philippe Rougemont, vingt ans, de rendre l'âme au cours de l'après-midi.

Combien d'auteurs de chez nous croient que c'est ici le Paradis! On voit bien que ces gens bien intentionnés ne sont jamais venus dans ces parages, que leur prose et leur poésie sont plus près de l'utopie de Thomas More que de la réalité!

Comme le fameux anatomiste André Vésale qui enseigna à Paris, me voilà avec mon petit couteau en train de pratiquer des incisions dans les chairs d'un macchabée tout frais, et ce n'est certes pas pour y découvrir des perles. J'espère plutôt connaître un peu mieux cette funeste maladie qui va tous nous emporter si je ne trouve pas vite un remède approprié. L'écrivain note soigneusement tous les détails : le cœur, blanchi et flasque, baigne dans une eau roussâtre ; au-dessus de l'organe, la lame du scalpel fait jaillir un sang noir et putride. Le foie est convenable, contrairement au poumon qui est très atteint. La rate est légèrement atrophiée. La cuisse, toute noircie au dehors, présente à l'intérieur une chair plutôt saine.

Le cadavre va rejoindre les autres corps qui reposent sous la neige. La force nous manque pour creuser des fosses et inhumer convenablement les dépouilles. Notre-Seigneur m'a jusqu'ici gardé debout, ainsi que notre capitaine, mais l'aumônier est mort. Cartier craint que les gens du pays ne profitent de la situation. À son tour, il imagine une ruse. Il veut faire croire que tous les hommes sont maintenant retenus à l'intérieur des navires par des travaux d'entretien, de sorte qu'ils n'ont plus le temps d'aller à l'extérieur. Cartier veille à ce que chacun fasse du bruit dans les navires en cognant avec des bâtons et des cailloux. Les Indiens se laisseront-ils duper ?

J'ai perdu tout espoir de jamais revoir la France. Il y a maintenant vingt-cinq morts, et pas moins de quarante hommes me semblent condamnés ; presque tous les autres sont malades.

∞

Il y a une dizaine de jours, j'ai appris que Domagaya souffrait de la même fâcheuse maladie qui sévissait autant à Stadaconé que parmi nous. Explorant les alentours du fort avec Cartier, voilà que je tombe sur un Domagaya bien portant.

— J'ai du mal à croire ce que je vois, Kerjean. Ma parole, ce Domagaya a comme ressuscité en quelques jours !

— C'est stupéfiant.

— Il faut absolument savoir comment ce garçon s'est rétabli. Mais ne lui dites surtout pas combien de nos compagnons sont malades.

— Comme vous voudrez, mon capitaine.

— Ces amis ne feraient qu'une bouchée de nous tous. Dites-lui plutôt que je veux seulement guérir un serviteur. Précisez au besoin que celui-ci a contacté la maladie dans la maison de Donnacona.

Dès après m'avoir écouté, Domagaya a envoyé deux femmes avec notre capitaine pour chercher la sève et le baume que l'on peut extraire d'un arbre. Pendant leur absence, j'ai exprimé à Domagaya ma joie sincère de le revoir sur pied, après les mauvaises nouvelles que j'en avais eues. Puis les femmes ont rapporté quelques branches de cèdre blanc, disant qu'il fallait les broyer avec l'écorce, de la même façon que le maïs, et faire bouillir le tout.

Domagaya a ensuite recommandé de boire cette décoction tous les deux jours et de frotter le marc comme une pommade sur les jambes enflées. Il a ajouté en souriant que l'*annedda*, l'arbre de vie, guérissait toutes les maladies, y compris celle des gencives.

Le capitaine a aussitôt fait préparer cet étonnant breuvage, mais nos malades ont d'abord refusé de le boire. Si c'était du poison ? Seulement quelques hommes ont osé le mettre à l'épreuve. Après avoir bu cette boisson deux ou trois fois, ils ont miraculeusement recouvré la santé. Enflures, noircissures, douleurs, pertes de dents, faiblesse chronique, tous les symptômes ont disparu comme par enchantement. Il y a eu ensuite une telle ruée vers la fameuse médecine qu'on se marchait quasiment dessus pour l'ingurgiter. Vrai de vrai, un de nos compagnons, qui souffrait de la syphilis depuis cinq ou six ans, en a été rapidement délivré. Un cèdre blanc a littéralement été réduit en bouillie en moins de huit jours !

— N'y a-t-il pas là, docteur Kerjean, de quoi confondre tous vos éminents collègues de Louvain et de Montpellier ?

— J'en conviens aisément, mon capitaine.

— Dieu a eu pitié de ses humbles serviteurs, a-t-il ajouté sur un ton plus grave.

J'ai alors pensé que Domagaya et les siens y étaient aussi pour quelque chose dans ce retournement de situation. Encore que je n'arrive pas à croire que la guérison de mes compagnons soit due uniquement au cèdre blanc. Quoi qu'il en soit, nous projetons de rapporter en France plusieurs jeunes spécimens de cet arbre aux vertus curatives.

C'est la mi-mars, l'hiver perdure, le printemps tarde encore à venir. Les bourgeons refusent d'apparaître sur les branches, ce qui fait dire à nos marins que tous les arbres des bois environnants sont sûrement morts. À ce temps-ci de l'année, en France, les bourgeons ont éclaté, tout est verdoyant.

En revanche, ici, au cœur de l'après-midi, quelle luminosité! Le bleu du ciel et le blanc de la neige, séparés par la bande noire des conifères, créent un contraste éblouissant, presque violent. Et quelque chose se passe le long des rives où une vie secrète se réveille, s'égoutte, craque, murmure sans arrêt.

Fin avril. Les glaces sont rompues sur le fleuve, ce qui permet aux Indiens de se déplacer facilement dans leurs barques légères. Les neiges sont hautes mais les forêts sont encore dénudées et le gros gibier est bien visible sur la nappe blanche; on le poursuit avec des arcs et des flèches et, attachées aux pieds, des *agims*, c'est-à-dire de larges semelles de forme ovale, tressées avec des lanières en peau de castor[1].

Alors que la mort et la maladie ravageaient nos troupes, le seigneur Donnacona, son fils Taignoagny et plusieurs de leurs compagnons sont partis à la chasse. Domagaya avait parlé d'un voyage de quinze jours, il a duré deux mois — ce qui a fortement indisposé Cartier. Mais les Indiens ont-ils la même façon que nous d'évaluer le temps? Quelle différence pour eux entre deux semaines et deux mois?

Pendant l'absence des dignitaires de Stadaconé, beaucoup d'indigènes sont venus quotidiennement à nos navires pour nous offrir de la viande et du poisson frais. Ils nous les vendaient d'ailleurs assez cher, car eux-mêmes manquaient de vivres à cause de l'hiver interminable.

Quand Donnacona est rentré à Stadaconé, c'est avec un groupe impressionnant d'hommes grands et forts. Cartier s'est alors demandé si Donnacona n'était pas allé chercher de nouveaux effectifs.

---

1. Des raquettes.

Voulait-il profiter de notre déchéance pour nous attaquer? Entendait-il prendre possession du fort et des navires? Cartier a donné ordre de consolider les défenses pour parer à toute éventualité.

Domagaya lui-même refuse maintenant de traverser la rivière pour venir jusqu'à nous, ce qui n'est pas dans ses habitudes. Alors Cartier a décidé d'envoyer Charles Guyot à Stadaconé avec des cadeaux pour le seigneur indien. Cartier a confié à ce Guyot une mission fort délicate: il veut savoir ce qui se trame là-bas.

Au retour d'une visite de quelques heures, Guyot a déclaré ce qui suit à un conseil restreint dont j'ai eu l'honneur de faire partie:

— Les maisons sont tellement pleines d'hommes nouvellement arrivés qu'on a peine à s'y déplacer. Taignoagny ne voulait pas que j'aille dans les autres maisons. En tout cas, mon capitaine, voici ce qu'il vous propose. Emparez-vous du seigneur Agona, son ennemi, seigneur du village voisin d'Hochelay, et emmenez-le en France. Si vous le débarrassez de cet homme, Taignoagny promet de faire ensuite tout ce qu'il vous plaira. Il attend votre réponse. Par ailleurs, Donnacona a encore une fois parlé longuement des ressources et des richesses du Saguenay. Selon lui, on y trouve une quantité infinie de métaux précieux. Les hommes ont la même couleur de peau que nous et ils sont vêtus comme nous d'étoffes de laine. Le seigneur de Stadaconé affirme encore que, depuis son plus jeune âge, il n'a cessé de voir du pays, que ce soit par terre ou par fleuve et rivière. Il dit avoir visité des lieux où les gens ne mangent pas, n'ont point de derrière, ne digèrent pas, évacuent seulement par la verge. Il dit avoir été au pays des Pygmées et dans d'autres contrées où les gens n'ont qu'une seule jambe pourvue d'un énorme pied. Mais je m'arrête ici car toutes ces merveilles seraient trop longues à raconter.

Je me suis rappelé certains propos semblables que m'avait tenus Domagaya. Mais je me demande comment ces prodiges que l'on trouve aussi bien chez Strabon que chez Marco Polo sont parvenus jusqu'ici. Après avoir écouté Charles Guyot sans mot dire, Cartier a fait part de son sentiment :

— Il y a des dissensions parmi eux, c'est évident. Et ils préparent quelque chose. J'ignore ce que les nombreux visiteurs sont venus faire, mais il convient de prévenir. Je me méfie de Taignoagny comme de la peste. Cet Indien que j'ai pourtant accueilli chez moi comme mon propre fils a une influence néfaste sur son père et certains de ses concitoyens.

Après un moment de réflexion, le capitaine a ajouté :

— Ce n'est pas le seigneur Agona que j'entends capturer, mais le seigneur Donnacona lui-même. Je veux que le vieil homme raconte à notre roi toutes ces merveilles qu'il prétend avoir vues. Peut-être, Messieurs, sommes-nous moins loin de l'Asie que nous le croyons? Guyot, vous direz à Taignoagny que le roi, mon maître, m'a interdit d'amener homme ou femme en France. Seulement deux ou trois garçons qui pourraient y apprendre la langue. Mais je suis quand même disposé à laisser Agona quelque part sur une île perdue de la haute mer pour le débarrasser d'un rival.

∽

Aujourd'hui, 3 mai, fête de la Sainte-Croix. Dès l'aube, Cartier a fait charpenter et planter une croix très haute au milieu du fort. Sous la croisée, l'écusson est orné de fleurs de lys en relief et d'une inscription latine affirmant l'autorité, par la grâce de Dieu, de François Ier, roi des Français, sur l'ensemble du territoire: «*Franciscus primus Dei gratia Francorum rex regnat*».

Dans l'après-midi, lorsque Cartier a vu venir une foule de femmes, d'enfants et de notables conduits par un Donnacona craintif, qui avait souvent l'œil au bois, il est allé à sa rencontre pour l'accueillir. Mais comme Cartier l'invitait à faire bonne chère sur le pont de *La Grande Hermine*, Taignoagny lui a recommandé de ne pas s'y rendre. Ce n'est qu'après de longues tractations que les indigènes ont finalement accepté d'entrer dans le fort. Pour leur plus grand malheur, car c'est là que Donnacona, Taignoagny, Domagaya et deux autres seigneurs indiens ont été capturés par les nôtres, conduits rapidement dans *La Grande Hermine* et confinés dans la cale. Cet enlèvement a provoqué la fuite désordonnée de tous les Canadiens dans la rivière et la forêt.

— *Agouhanna! Agouhanna! Agouhanna!*

On dirait des hurlements de loups dans la nuit. Ce sont les indigènes qui hantent les bois autour et qui veulent voir leurs maîtres.

J'ai du mal à croire que Taignoagny et Domagaya ont été enlevés. C'est un comble. J'en suis consterné. J'espère que Cartier va bientôt les relâcher.

Vers midi, Cartier a fait venir un Donnacona ébahi sur le pont. Notre capitaine lui a promis de le ramener dans son pays dans dix ou douze lunes, après qu'il aura raconté au roi de France les merveilles du Saguenay. Donnacona a semblé sortir de sa torpeur et se réjouir de cette nouvelle promesse ; il s'est avancé jusqu'à la lisse pour adresser la parole à son peuple et le réconforter. Il a dit qu'il reviendrait sûrement comme ses fils étaient déjà revenus. Il y a eu ensuite plusieurs discours et rituels dont la signification nous a échappé.

Cartier a permis que des dignitaires indigènes montent à bord de *La Grande Hermine* : ils ont offert pas moins de vingt-quatre colliers d'*esnoguy* pour la délivrance des captifs. Quand ils ont compris que le seigneur Donnacona et ses fils n'échapperaient pas au voyage en France, ils sont repartis avec leurs présents, vivement contrariés.

Aujourd'hui, des femmes sont revenues avec des victuailles pour la traversée. Cartier a donné à Donnacona de nombreux cadeaux, des hachettes, des couteaux, des chapelets et même des seaux de bronze ; l'Indien, apparemment satisfait, a fait parvenir tous ces objets aux siens. Avant de prendre congé, chaque femme a remis un collier d'*esnoguy* à notre capitaine.

Depuis ce jour, le peuple de Stadaconé reste de l'autre côté de la rivière pour observer longuement et en silence ce qui se passe dans nos navires. Les hommes ne s'approchent plus de nos fortifications. Ils craignent manifestement d'être enlevés, eux aussi.

La mort dans l'âme, j'imagine aisément l'état d'esprit des deux frères capturés. Et, par malheur, Cartier ne semble pas du tout disposé à les relâcher, surtout Taignoagny qu'il a pris en grippe. Je n'ose pas affronter Domagaya à qui nous devons d'être encore en vie.

∞

Le 6 mai 1536, nous avons appareillé les deux navires du havre de Sainte-Croix pour descendre le fleuve, l'avaller, comme on dit parfois. Il faudra abandonner ici *La Petite Hermine*.

— Nous n'avons plus suffisamment d'hommes pour ramener le navire, a expliqué le capitaine. Les indigènes pourront récupérer les vieux clous qu'ils apprécient visiblement.

L'île de Bacchus a été rebaptisée plus politiquement «île d'Orléans» en l'honneur du dernier fils de François Ier. La navigation était malaisée à la hauteur de l'île aux Coudres. Nous y sommes demeurés dix jours dans l'attente que les eaux tumultueuses du printemps, encore parsemées de blocs de glace, s'apaisent. Des Indiens qui disaient venir du Saguenay ont escorté nos navires pendant un bon moment, pour voir leur seigneur et s'entretenir avec lui. Donnacona a continué de les rassurer, répétant que dans un an il serait de retour. Il leur a certifié qu'il était bien traité par le capitaine et ses compagnons. Les indigènes nous ont alors offert plusieurs peaux de castors et de loups-marins, ainsi qu'un grand couteau de cuivre rouge en provenance du fabuleux Saguenay.

Dans une île où les lièvres sont particulièrement nombreux[1], nous avons encore été retardés pendant quelques jours à cause des bourrasques et des orages.

1. L'île aux Lièvres.

Pour atteindre plus rapidement Honguedo et le cap de Prato[1], nous avons eu la chance de trouver un passage au sud de l'île de l'Assomption[2]. Comme le vent soufflait bon, nous avons vite rejoint l'île sablonneuse de Brion, au cœur du golfe, et nous y sommes restés quelques jours.

Nous avons reconnu les caps de Lorraine et de Saint-Paul au nord de la terre des Bretons. Le jour de la Pentecôte, nous avons touché la côte sud-est de Terre-Neuve: un vent défavorable nous a immobilisés pendant deux jours au havre de Saint-Esprit[3], puis nous avons fait une courte escale aux îles de Saint-Pierre[4].

Chemin faisant, nous avons croisé plusieurs navires de France et de Bretagne. Le jour de la Saint-Barnabé, nous avons contourné le cap de Raze[5]. Au havre de Rougnouse[6], sur la côte est de Terre-Neuve, nous avons fait une bonne provision d'eau et de bois pour entreprendre la grande traversée. Le bon temps nous a permis d'effectuer celle-ci en moins d'un mois. C'est ainsi que nous sommes arrivés au havre de Saint-Malo avec une vingtaine de nos hommes en moins, mais une dizaine d'Indiens en plus.

1. Gaspé et le cap Blanc.
2. L'île d'Anticosti.
3. Port aux Basques.
4. Les îles Saint-Pierre et Miquelon.
5. Cape Race.
6. Renews Harbour.

Musée David M. Stewart.

Le manoir de Limoilou, près de Saint-Malo,
où vit Jacques Cartier jusqu'à sa mort en 1557.

6

Épilogue

Cet après-midi, je viens de sortir de Saint-Malo et je me dirige vers la demeure campagnarde de Jacques Cartier qui se trouve dans le village de Limoilou, à quelques kilomètres d'ici. Le pas tranquille de ma monture s'accorde bien au rythme un peu traînant de mes pensées.

J'ai reçu hier un message de Cartier qui exprimait le désir de me rencontrer aujourd'hui dans sa maison des champs où il réside, je crois, de plus en plus, surtout depuis son dernier voyage dans les terres de Canada et d'Hochelaga. Je m'interroge sur les motifs de cette invitation inattendue puisque

nous ne nous sommes pas fréquentés depuis longtemps.

Comment ne pas me rappeler que, il y a tout
juste dix ans, je prenais le départ avec Cartier pour la
seconde fois ! Je n'ai pas été du troisième voyage qui
a eu lieu il y a quatre ans, mais tout Saint-Malo a été
mis au courant des péripéties qui l'ont marqué.

Après les entrevues de Nice et d'Aigues-Mortes,
le roi a été moins accaparé par ses guerres inces-
santes avec l'empereur Charles Quint. Alors il a ap-
prouvé un projet énorme de colonisation pour
exploiter les ressources du pays de Canada, envisa-
geant même d'y construire des villes, des forts, des
églises. On avait prévu d'appareiller cinq navires, de
rassembler un équipage de près de quatre cents personnes pour un séjour de deux ou trois ans. Comme
on voulait éviter toute réprimande du pape, on a
donné à cette expédition un caractère nettement
évangélisateur.

Comme tous les Malouins, j'ai eu vent des difficultés de recrutement. Le fait que nous avions perdu
une vingtaine de compagnons lors du précédent
voyage a grandement contribué au déclin du volonta-
riat. Il a fallu se résoudre à visiter les prisons pour
compléter l'équipage ; Cartier pouvait amener un
maximum de cinquante prisonniers. Je ne suis pas
près d'oublier l'arrivée à Saint-Malo de ces gens
enchaînés les uns aux autres. J'ai alors eu le pressen-

timent que cette colossale expédition courait à la catastrophe. C'est une des raisons pour lesquelles je n'ai pas voulu retourner aux terres neuves.

Et puis, il y a eu ce Jean-François de la Roque, seigneur de Roberval, qui est apparu soudain dans le paysage. François Ier lui avait confié la responsabilité de toute l'entreprise, reléguant par le fait même notre Cartier à un second rôle. Le chevalier de Roberval avait le double avantage d'être noble et ami d'enfance du roi. Par ailleurs, le fait qu'il était criblé de dettes n'a pas semblé jouer en sa défaveur. Bien des notables n'étaient pas sans savoir que cet homme avait aussi figuré sur la liste des suspects d'hérésie luthérienne et avait dû fuir précipitamment le pays après l'affaire des placards.

Je me demande comment Cartier a réagi devant l'arrivée impromptue de ce lieutenant du roi qui avait une réputation de grande dureté avec ses subalternes.

Cartier a pris la mer avant le sieur de Roberval qui n'avait pas encore reçu son artillerie et, un an plus tard, il est revenu à Saint-Malo — avant son nouveau maître à qui il avait faussé compagnie en pleine nuit! Pauvre Cartier qui pensait avoir dans ses cales une quantité estimable de métaux précieux! Peu après, les bonnes gens ont commencé à agrémenter leurs conversations d'un «faux comme les diamants de Canada».

Déjà dix ans se sont écoulés depuis mon dernier grand départ. Par la suite, je me suis marié et j'ai eu deux enfants qui ignorent encore que leur père a vécu plusieurs mois avec ceux que l'on appelle ici les «hommes sauvages».

Mais me voilà à l'entrée de Rotheneuf. Il faut que je m'enquière de ma route.

— Holà! Garçon! Peux-tu m'indiquer où se trouve le village de Limoilou?

Pendant qu'un serviteur dirige mon cheval vers l'écurie, je jette un coup d'œil à l'ensemble modeste des bâtiments qui sont isolés par un haut mur de pierres. Une tourelle orne la façade du logis principal. Un puits se dresse au milieu de la cour.

Le serviteur me précède jusque dans la spacieuse salle basse du manoir. J'admire la cheminée encore tiède, les grandes fenêtres, les poutres du plafond. De nombreux souvenirs de voyages reposent sur les buffets et les coffres: mocassins en peau de chevreuil ornés de piquants de porc-épic, pots en terre cuite décorés de motifs géométriques, flûtes d'os, ustensiles divers... Sur les murs, parmi les astrolabes, sont accrochés des colliers de perles de coquillages, des masques de bois souriant ou grimaçant sous leur longue chevelure... Mais voilà Cartier qui vient vers moi en tendant les bras avec chaleur et simplicité :

— Que je suis heureux de vous revoir, Kerjean. Après toutes ces années !

Il a vieilli de dix ans comme moi, il est donc au début de la cinquantaine. Il paraît bien portant, vigoureux. La barbe grisonne. Il tient à excuser l'absence de son épouse qui s'est rendue au chevet d'une tante malade, à Saint-Malo. Son serviteur nous apporte à boire, et je me rappelle notre toute première rencontre chez moi, place des Herbes. Il s'informe, affable, de ce que je suis devenu. J'évoque mon mariage, mes enfants. Ma sédentarité semble l'étonner un peu :

— Vous n'êtes donc jamais retourné dans les terres occidentales ?

— Jamais.

Le ton plutôt sec de ma réplique me surprend moi-même. Je l'interroge à mon tour sur sa situation. Il vient peu à Saint-Malo, évite la rue de Buhen où il avait sa maison. Parfois il fait office de parrain à l'occasion de baptêmes. Ou il sert d'interprète, car la langue portugaise lui est familière. Il revoit ses notes et ses dessins à l'intention du cartographe dieppois Pierre Desceliers. Son neveu Jacques Noël ou le cordelier voyageur André Thevet lui font de temps à autre une visite.

— J'ai beaucoup de temps libre, maintenant. On n'a plus besoin de moi. Vous savez ce que fabrique un «cartier»? Des cartes à jouer. Peut-être n'ai-je pas su abattre la bonne carte au bon moment... Vous avez entendu l'expression «faux comme des diamants de Canada»?

Comment aurais-je pu ne pas l'entendre?

— Les diamants étaient du mica et l'or de la vulgaire pyrite de fer. Le cap aux Diamants était le cap aux Illusions!

— J'ai entendu parler de votre dernier voyage à la rivière de Canada, il y a trois ou quatre ans. Un voyage bien pénible, à ce qu'on m'a raconté.

— À bien des égards, oui. D'abord la traversée. Trois mois de vents contraires et de tempêtes sur un océan déchaîné. Après avoir épuisé notre provision d'eau douce, il a fallu abreuver les chèvres et les porcs avec du cidre.

— On dit que vous n'avez pas voulu vous installer de nouveau au havre Sainte-Croix.

— C'est exact. J'ai préféré un autre havre naturel, quatre lieues plus loin, à l'embouchure de la rivière du cap Rouge. J'y ai fait construire deux forts reliés par des escaliers, l'un sur le rivage, l'autre au-dessus, sur une falaise en surplomb. Cet ensemble fortifié que j'ai appelé Charlesbourg-Royal me paraissait plus sûr. On pouvait surveiller aussi bien la rivière qui serpente à l'intérieur des terres que le grand fleuve.

— Vous êtes retourné à Hochelaga?

— Oui, mais je n'ai pu traverser les rapides qui, vous vous en souviendrez, avaient déjà mis un terme à notre avance.

— J'ai aussi eu vent que les rapports avec les aborigènes n'ont pas été des meilleurs.

— Il est vrai qu'ils se sont beaucoup détériorés au fil des mois. Savez-vous que, durant l'hiver, une trentaine de mes marins ont été tués par eux ?

— Une trentaine ?

— Pas moins. La situation était devenue trop dangereuse. Les Indiens sont passés maîtres dans l'art de préparer des embuscades. Nous vivions quotidiennement dans la hantise d'une attaque. C'était devenu invivable. Je n'avais pas le choix, il fallait rentrer...

Il ajoute en baissant la tête :

— D'autant que je pensais avoir rempli dix tonneaux de feuilles d'or fin et de diamants ! Un espoir fou me tenaillait ! Nous avons été éblouis par les étincelles de feu !

On a dit qu'il avait désobéi à un ordre de Roberval en rentrant si tôt en France ; on lui a prêté des ambitions personnelles de gloire — mais il n'était pas opportun d'aborder cette question-là non plus...

— Le lieutenant général n'a pas eu beaucoup plus de chance que moi. Des hommes sont morts de la terrible maladie que vous connaissez, ou bien ils se sont noyés dans les rapides. Un assez piètre bilan, en somme. Le royaume de Saguenay, dont le seigneur Donnacona a entretenu le roi, est resté hors de notre portée. Avec ses mines d'or et d'argent, ses épices. Le passage vers l'Asie aussi s'est estompé…

— Et si le roi indien avait inventé toutes ces choses, les hommes vêtus à l'européenne, les hommes volants…

— Vous pensez bien que je me suis posé la question. Je me suis demandé si ce vieux radoteur ne nous servait pas ces fables indigestes pour qu'on le ramène plus tôt chez lui. Mais comment savoir ce qui se passe dans la tête de ces gens-là ? Je me suis toujours méfié de ces hommes sauvages. De toutes leurs belles cérémonies et joyeusetés.

— Donnacona est mort ainsi que ses fils et compagnons ?

— Tous morts, sauf une petite fille de dix ans. Tous les indigènes que j'ai ramenés il y a neuf ans sont morts en France… Je sais, Kerjean, que vous n'approuviez pas cet enlèvement. À quoi servirait-il maintenant de revenir là-dessus ?

— Vous avez dit aux habitants de Stadaconé que tous leurs compatriotes étaient décédés ici ?

— Non. Je leur ai dit qu'ils avaient été baptisés selon leur désir, qu'ils étaient mariés avec des Françaises et satisfaits, qu'ils ne voulaient pas retourner chez eux.

— Ils vous ont cru ?

— Comment le saurais-je ? Comment savoir ce que pensent des étrangers qui mangent cru leur poisson ou leur viande, qui se couvrent de peaux de bêtes quand ils ne se promènent pas complètement nus ? En tout cas, Agona n'a pas semblé trop mécontent de la nouvelle. C'est lui qui se trouvait à succéder à Donnacona comme seigneur et gouverneur de Canada.

— Alors que c'est Donnacona qui vous avait demandé de le débarrasser d'Agona !

— En effet. Mais songez à toutes les possibilités d'exploration du territoire que nous avons dû abandonner.

— Excusez-moi, mais je pense à tous ces gens que nous avons amenés ici de force et qui sont morts. De maladie ou de chagrin ?

Cartier préfère esquiver la question. Ou plutôt il l'aborde d'une autre façon :

— Je sais que vous aviez des relations particulières avec l'un d'entre eux.

— Je me suis souvent demandé si nous avions le droit de capturer ces gens à seule fin de les exhiber ensuite en Europe pour intéresser les marchands, les financiers, les armateurs, la cour...

— Notre roi a été suffisamment captivé pour ordonner une troisième expédition.

— Ils voient en nous des chercheurs d'or, de terres, de femmes. Nous voulons leur imposer nos lois, nos coutumes, notre religion, notre Dieu. Ils sont si différents de nous.

— Par ailleurs, leurs paysages sont si semblables aux nôtres.

— Nous étions les «gens de fer» venus de la mer comme du royaume des morts. Nous rêvions d'un Eldorado... Je me suis souvent rappelé leur accueil chaleureux, leurs démonstrations de joie... Aussi j'ai maintes fois pensé à tous nos compagnons qui sont morts devant mes yeux de l'étrange maladie. Pour moi aussi, le bilan n'est pas très reluisant.

— Vous avez exploré les corps, moi les eaux et les terres, bien que nous ayons à peine débarqué. Feu Dom Guillaume Le Breton, lui, explorait les âmes. À chacun de faire son bilan. Mais j'allais oublier ce pour quoi je vous ai fait venir. Je voulais vous remettre en main propre ce volume qui vient de paraître à Paris, chez l'éditeur-imprimeur Ponce Rosset. On trouve dans ce petit livre les choses dignes de mémoire que nous avons vues et qui nous sont advenues, il y a dix ans. Ce récit de voyage ne passionnera pas beaucoup de monde, je le crains, mais j'ai pensé que vous, il vous intéresserait.

— Je vous remercie. Mais pourquoi avoir attendu si longtemps pour le publier?

Cartier soupire profondément avant de répondre:

— C'est un ouvrage désormais inoffensif. On ne craint plus en haut lieu que les Espagnols et les Portugais utilisent à leur profit les informations que contient cette relation de voyage. Et comme depuis la paix de Crépy l'Empereur et notre roi ne sont plus ennemis...

Je reviens par la côte. Le soleil est maintenant bas à l'horizon.

Je reste un bon moment assis sur la grève rocailleuse, face à la mer haute, tandis que mon cheval s'ébroue derrière moi et renifle le sol ingrat. J'imagine Cartier dans sa chambre située à l'étage, regardant au loin la mer, ressassant ses souvenirs, ruminant son amertume.

Je sors de ma sacoche le petit livre qu'il m'a donné. Je lis la page de titre : *Bref récit et succincte narration de la navigation...* Un long titre, mais aucune mention d'auteur. Je compte une soixantaine de folios. Je l'ouvre au début, saisis un passage d'une lettre dédicatoire au roi, laquelle précède le récit proprement dit : «... pourrez voir et savoir la bonté et fertilité des terres occidentales, l'innombrable quantité des peuples qui les habitent, la bonté et paisibleté de ces peuples, et pareillement la fécondité du grand fleuve qui parcourt et arrose le milieu de vos terres, fleuve qui est le plus grand sans comparaison qu'on sache jamais avoir vu... »

Je referme le livre, mon regard tombe sur un fragment de coquille en spirale, coincé entre deux cailloux; je le prends et le fais tourner lentement entre mes doigts.

Au poignet, j'ai toujours le bracelet d'*esnoguy* offert par Domagaya.

Premier voyage de Cartier
1534

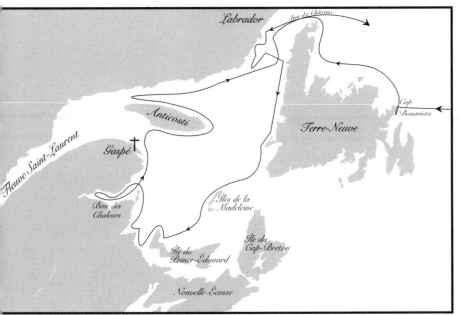

Deuxième voyage de Cartier
1535-1536

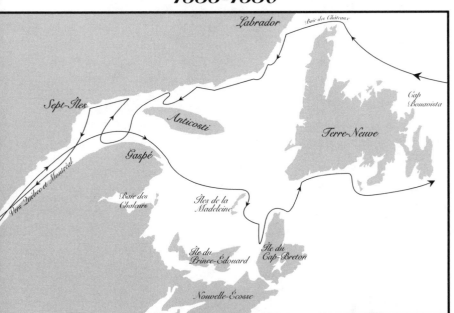

Chronologie
Jacques Cartier
(1491-1557)

Établie par Michèle Vanasse

Du Xᵉ au XVᵉ siècle dans l'Atlantique Nord: les précurseurs.
Il est mentionné dans la littérature épique des Norvégiens qu'il y
avait des Irlandais et des Islandais installés au sud du Groenland
dès la fin du VIIIᵉ siècle mais il n'y a pas de preuves archéolo-
giques. Les Vikings passent de la Norvège au Groenland en 982
avec Erik le Rouge. En 1002, son fils, Leif, établit la première
colonie en Amérique du Nord; elle est divisée en trois régions: le
Vinland (Terre-Neuve où ils laissent des traces à l'Anse-aux-
Meadows), le Markland (Labrador) et le Helluland (Terre de
Baffin). Ces Vikings se seraient finalement fondus aux Iroquoiens.

CARTIER ET SON TEMPS	LE MONDE

1488

Le navigateur portugais Bartholomeu Dias double le cap de Bonne-Espérance qu'il nomme «cap des Tempêtes». C'est le début des grandes découvertes, stimulées par la transformation de l'art de la navigation, l'invention du gouvernail et de la boussole, la construction de navires plus rapides, les caravelles, et la description plus précise des cartes.

1488

En quête de métaux précieux, d'épices utilisées en cuisine et en pharmacie, et de produits de luxe (soie, ivoire, parfums), l'Europe se lance à la recherche d'une nouvelle route conduisant directement vers les pays producteurs, la Chine et les Indes.

Au xve et xvie siècles se constitue un art différent de celui du Moyen Âge, appelé «Renaissance», qui renoue avec la tradition de l'Antiquité. La Renaissance artistique triomphe d'abord en Italie puis dans toute l'Europe.

1491

Naissance de Jacques Cartier à Saint-Malo, rue de Buhen. La famille compte trois enfants.

1491

Le duché de Bretagne est rattaché à la France par le mariage d'Anne de Bretagne et de Charles VIII, roi de France.

CARTIER ET SON TEMPS

LE MONDE

1492

Christophe Colomb, au service de l'Espagne, part à la recherche d'une route vers les Indes. Croyant l'Asie située en face de l'Europe, il part sur l'Atlantique avec trois caravelles: *La Pinta, La Niña* et *La Santa Maria*. Il découvre les Bahamas, Cuba et Haïti (Hispanolia). Il découvre également des aliments inconnus en Europe tels que le maïs, la patate sucrée et le plantain.

1492

En Espagne, les rois catholiques, Isabelle et Ferdinand, accordent à Christophe Colomb un véritable droit seigneurial sur ses futures découvertes.

Le royaume de Grenade, dernier vestige de la domination arabe, tombe aux mains de l'Espagne. Les Juifs, qui jusquelà avaient vécu en bonne intelligence avec les musulmans, sont expulsés.

Mort à Florence de Laurent de Médicis, dit le Magnifique, protecteur des artistes de la Renaissance, tels Léonard de Vinci et Michel-Ange.

1493

Deuxième voyage de Christophe Colomb qui cherche l'Asie derrière les îles des Antilles. Il reconnaît les Saintes, la Guadeloupe et les côtes de Porto Rico. Il reçoit le titre de vice-roi des Indes et nomme les aborigènes «Indiens».

1493

La bulle *Inter Cœtera* du pape Alexandre VI accorde au Portugal toute terre découverte à l'est d'un méridien passant à cent lieues du cap Vert (ouest du Sénégal), et, à l'Espagne, les terres à découvrir à l'ouest de cette ligne.

CARTIER ET SON TEMPS	LE MONDE

1494
Christophe Colomb commence la colonisation de l'île Hispaniola (Haïti). La culture de la canne à sucre est introduite. Il découvre la Jamaïque.

1494
L'Espagne et le Portugal se partagent le monde par le traité de Tordesillas en fixant à nouveau la ligne de démarcation qui est reportée à 370 lieues à l'ouest du cap Vert, ce qui permettra aux Portugais de coloniser le Brésil après l'an 1500.
La guerre entre la France et les Habsbourg pour l'hégémonie de l'Europe commence en Italie lorsque Charles VIII de France se fait couronner roi de Naples.
Le moine Savonarole instaure une république égalitaire et puritaine à Florence.

1496
Colomb aborde l'île de Marie-Galante.

1497
Le navigateur italien Jean Cabot, au service du roi Henri VII d'Angleterre, explore les côtes de la Nouvelle-Écosse et de Terre-Neuve. Il croit avoir découvert la côte nord de l'Asie.

1497
Léonard de Vinci peint la fresque de *La Cène*.

CARTIER ET SON TEMPS	LE MONDE
1498	**1498**

1498

Le navigateur portugais Vasco de Gama franchit le cap de Bonne-Espérance et atteint la côte occidentale des Indes, à Calicut.
Troisième voyage de Christophe Colomb. Il découvre Trinidad et aborde le continent sud-américain à l'embouchure de l'Orénoque.
Cabot et son fils Sébastien longent la côte du Labrador.

1499

Jean Cabot repart à la recherche d'une route vers le Cathay (Chine du Nord). Il longe les côtes de Terre-Neuve jusqu'à la Caroline du Sud.
Le navigateur italien Amerigo Vespucci explore les côtes nord-est de l'Amérique du Sud et découvre l'embouchure de l'Amazone.

1498

La découverte de la route des Indes par Vasco de Gama permet aux commerçants portugais d'échapper au monopole arabe du commerce des épices.
En France, Louis XII succède à Charles VIII.
Tous les Juifs sont expulsés du Portugal.

1499

Le roi de France, Louis XII, s'empare de Gênes et de Milan.
Une épidémie de peste tue des milliers de personnes à Londres.
Michel-Ange sculpte la *Pietà* de la basilique Saint-Pierre.

CARTIER ET SON TEMPS	LE MONDE

1500

Gaspard Corte Real, au service du Portugal, se rend à Terre-Neuve et dans le golfe du Saint-Laurent. Il baptise la côte «Terra do Labrador».
Le navigateur portugais Pedro Álvarez Cabral atteint le Brésil, qu'il nomme «terre de Santa Cruz». Il continue jusqu'aux Indes d'où il revient chargé d'épices.

1500

En Afrique orientale, les Portugais commence à établir des comptoirs commerciaux.

1502

Quatrième voyage de Christophe Colomb qui découvre le Honduras, le Costa Rica et l'isthme de Panamá. Il fait la rencontre de tribus mayas.

1502

Vasco de Gama installe les premiers comptoirs portugais sur la partie occidentale des Indes.
En Chine, à Pékin, une longue série de rénovations est entreprise dans la Cité interdite, c'est-à-dire l'ensemble des palais impériaux de l'époque de la dynastie des Ming.

1504

À l'âge de treize ans, Cartier s'embarque comme mousse à bord de navires de cabotage.

CARTIER ET SON TEMPS

LE MONDE

1507
Le cartographe allemand Martin Waldseemüller réalise une carte du monde où apparaît pour la première fois le Nouveau Monde ; il lui donne le nom d'Amérique d'après le prénom d'Amerigo Vespucci qu'il croit, à tort, en être le découvreur.

1509
À la tête d'une expédition de pêche, le marchand français Thomas Aubert se rend sur les bancs de Terre-Neuve et ramène sept Amérindiens.

1509
Avènement du roi d'Angleterre Henri VIII.

1511
Diego Velázquez conquiert l'île de Cuba.
Le navigateur portugais Alfonso de Albuquerque, après la prise de Goa et de l'île d'Ormuz dans le golfe Persique, s'empare de Malacca et d'une partie du Ceylan (l'actuel Sri Lanka).

1511
Le pape Jules II organise la Sainte Ligue, qui regroupe Venise, l'Espagne et l'Angleterre, dans le but d'expulser la France d'Italie.
Les conquêtes d'Albuquerque en Inde confirment le contrôle de la route des épices au Portugal, première puissance maritime d'Europe.
Le grand maître de l'humanisme européen, Érasme, publie *Éloge de la folie*.

CARTIER ET SON TEMPS	LE MONDE

1512
En Espagne, les lois de Burgos autorisent l'esclavage aux Amériques afin de remplacer la population indienne décimée.
Inauguration des fresques de Michel-Ange à la chapelle Sixtine.

1513
Balboa, conquistador espagnol, traverse l'isthme de Panamá et découvre l'océan Pacifique.
L'Espagnol Ponce de León aborde la Floride.

1513
Battue par les alliés de la Sainte Ligue à Novare, près de Milan, la France abandonne toutes ses conquêtes italiennes.
Parution à Florence du traité de Nicolas Machiavel, *Le prince*, sur l'art de gouverner.
Mort du pape Jules II, protecteur des arts, qui a fait de Rome le centre de la vie artistique italienne grâce à des peintres de génie, Michel-Ange et Raphaël.

1514
Les navigateurs portugais sont les premiers Européens à atteindre la Chine par voie maritime.

1515
Le navigateur espagnol Perez de la Rua longe les côtes du Pérou.

1515
Avènement en France de François Ier, qui reconquiert Milan lors de la bataille de Marignan.

CARTIER ET SON TEMPS	LE MONDE

1517

L'expédition de Francisco de Cordoba commence l'exploration de la presqu'île du Yucatán.

1517

Le moine augustin Martin Luther affiche aux portes du château de Wittenberg ses 95 propositions réformistes qui s'élèvent essentiellement contre le commerce et le dogme des indulgences. C'est le point de départ de la Réforme qui donnera naissance aux Églises protestantes.

1519

L'armada de Cortés débarque au Mexique. Les Espagnols sont reçus dans la capitale aztèque par l'empereur Moctezuma.

Magellan, au service de l'Espagne, entreprend par l'ouest un long périple autour du monde.

1519

Élection de Charles Quint: roi d'Espagne et des territoires autrichiens, Charles est élu empereur du Saint-Empire romain germanique (Allemagne, Bohême, Italie).

Mort en France de Léonard de Vinci, peintre, sculpteur et ingénieur.

CARTIER ET SON TEMPS

LE MONDE

1520

Jacques Cartier épouse Catherine des Granches qui appartient à une des plus puissantes familles malouines.

Magellan découvre le détroit qui portera son nom à l'extrémité sud du continent américain et qui permet à des navires européens d'entrer pour la première fois dans l'océan Pacifique. Le tour du monde est complété en 1522, prouvant du même coup que la terre est ronde et que l'Amérique est un continent distinct de l'Asie.

1520

Excommunication de Luther qui refuse de se rétracter. Il brûle la bulle pontificale qui proclame ses thèses, hérétiques et scandaleuses. C'est la rupture définitive avec Rome.

1521

Hernán Cortés détruit la capitale des Aztèques, une cité exceptionnelle où les Espagnols rebâtiront une nouvelle ville, Mexico, capitale de la Nouvelle-Espagne. Les conquistadors espagnols, mus par la soif de l'or, le désir de christianiser et la recherche de la gloire, vont exploiter les Amériques centrale et du Sud.

1521

L'édit de Worms, promulgué par Charles Quint, met Luther au ban de l'Empire parce qu'il récuse l'infaillibilité du pape et des conciles.

Début de la première guerre entre François Ier et Charles Quint. La suprématie en Europe est l'enjeu de cet affrontement.

CARTIER ET SON TEMPS	LE MONDE

1524

Giovanni da Verrazano, chargé par François Ier de trouver une voie vers les Indes par le nord-ouest, longe la côte atlantique entre la Floride et le Cap-Breton en Nouvelle-Écosse. Le tracé atlantique du nouveau continent est cartographié pour la première fois et ces nouvelles terres sont baptisées « Nova Gallia » ou Nouvelle Gaule (Nouvelle-France). Peut-être Cartier fut-il un compagnon de Verrazano, c'est du moins l'hypothèse de l'historien Gustave Lanctôt (*Cartier en Nouvelle-France en 1524*). Première expédition de Francisco Pizarro, simple soldat espagnol, au Pérou. Il est repoussé par les indigènes.

1525

Le navigateur portugais Estévão Gomes entreprend une expédition qui le mène sur les côtes orientales de l'Amérique du Nord.

1524

L'Espagne fixe les formes du Conseil des Indes. Celui-ci propose des nominations aux charges officielles, promulgue des décrets, se charge des finances et fait fonction de haute cour.
Érasme rédige son essai sur le *Libre Arbitre*.

1525

François Ier est fait prisonnier par Charles Quint lors du siège de Pavie. Il est contraint de signer le traité de Madrid l'année suivante et de renoncer à l'Italie. La guerre se poursuivra quand même jusqu'à la paix de Cambrai en 1529 qui mit fin à ce second conflit entre les deux souverains.

CARTIER ET SON TEMPS

LE MONDE

1528
Catherine, l'épouse de Cartier, est marraine d'une petite Brésilienne. Dans ses récits, Cartier a manifesté une connaissance particulière du Brésil et on sait qu'il parlait portugais.

1528
Italie : sac de Rome par des troupes impériales allemandes, qui marque la fin de la Rome de la Renaissance.

1530
Confession d'Augsbourg : Charles Quint ordonne l'application rigoureuse de l'édit de Worms de 1521, ce qui est une déclaration de guerre à la Réforme.

1531
Formation de la Ligue de Schmalkalden, ligue des princes protestants allemands prêts à défendre la Réforme par la force.

CARTIER ET SON TEMPS

LE MONDE

1532

En pèlerinage à l'abbaye du Mont-Saint-Michel, Jacques Cartier est présenté à François Ier par l'évêque Jean Le Veneur, l'abbé du Mont et son parent. Celui-ci le recommande au roi pour diriger une expédition dans le Nouveau Monde et fait état de ses navigations au Brésil et à Terre-Neuve, dont il semble qu'il connaissait les parages. Au Pérou, Pizarro capture l'Inca Atahualpa et conquiert l'Empire inca. Il fonde Lima, sa nouvelle capitale.

1532

La paix de Nuremberg est conclue entre Charles Quint et les princes protestants allemands, et la liberté de culte est accordée en échange de leur aide militaire.
Rabelais publie anonymement *Pantagruel*.

1533

L'interprétation favorable de la bulle papale de 1493 ouvre la voie aux initiatives françaises en Amérique. Le choix de Cartier est retenu pour aller à la découverte de terres nouvelles et d'un détroit qui permettrait de gagner la Chine par le nord-ouest.

1533

Le pape Clément VII modifie la bulle *Inter cœtera* de 1493 et statue qu'elle ne concernait que les continents connus et non les terres ultérieurement découvertes par les autres couronnes.

CARTIER ET SON TEMPS

LE MONDE

1534

Premier voyage de Jacques Cartier. Il découvre le détroit de Belle-Isle entre le Labrador et Terre-Neuve, les îles de la Madeleine, l'île du Prince-Édouard, la baie des Chaleurs et la baie de Gaspé où il plante une croix portant le nom du roi François Ier, prenant ainsi possession du Canada. Il ramène deux Hurons, fils du chef Donnacona, en France.

1534

Henri VIII promulgue l'Acte de suprématie qui le consacre chef de l'Église d'Angleterre. Cela confirme définitivement le schisme avec le pape de Rome qui a refusé de reconnaître la nullité de son premier mariage et qui l'a excommunié l'année précédente pour avoir épousé Anne Boleyn.
Début de la répression contre les réformés en France à la suite de l'affaire des Placards, tracts anticatholiques affichés à Paris et à Amboise où réside le roi.

CARTIER ET SON TEMPS

LE MONDE

1535

Deuxième voyage de Jacques Cartier au Canada, avec *La Grande Hermine, La Petite Hermine* et *L'Émérillon*. Il explore l'estuaire du Saint-Laurent, longe l'île d'Anticosti et décide d'explorer «la rivière de Canada» : il reconnaît l'embouchure du Saguenay, l'île aux Coudres, l'île d'Orléans et parvient à la hauteur du site de Québec. Il descend le fleuve jusqu'à la bourgade d'Hochelaga et hiverne près de Stadaconé, à l'embouchure de la rivière Saint-Charles. Il repart au printemps après un séjour éprouvant.

1535

L'humaniste anglais Thomas More est décapité pour s'être opposé à Henri VIII dans l'affaire de son divorce. Il est l'auteur de *L'Utopie*, qui propose un schéma de Cité idéale.

1536

Parti le 6 mai de Stadaconé, Jacques Cartier est de retour à Saint-Malo le 6 juillet. Le résultat de l'expédition déçoit la Couronne et l'amirauté qui espéraient de l'or.
Le conquistador espagnol Diego de Almagro arrive au Chili et découvre la baie où sera fondée Valparaiso.
Fondation de Buenos Aires par Pedro de Mendoza.

1536

Le réformateur Jean Calvin, qui pousse les idées de Luther à leurs limites extrêmes, publie *L'institution de la religion chrétienne*. Le calvinisme se répand en France, en Hollande et même en Allemagne aux côtés du luthéranisme.
Troisième guerre entre François Ier et Charles Quint. La trêve de Nice mettra un terme provisoire au conflit en 1538.

CARTIER ET SON TEMPS	L'AMÉRIQUE ET LE MONDE
	1537 Le pape Paul III promulgue la bulle *Sublime Deus* dans laquelle il proclame que les Indiens sont de véritables hommes dotés d'une âme.
1540 François Ier reçoit Cartier et le chef huron Donnacona. il donne comme mission à Cartier de pénétrer davantage dans le Canada.	**1540** Fondation de la Compagnie de Jésus par Ignace de Loyola dont la tâche la plus urgente est d'arrêter les progrès de la Réforme. Les jésuites se font prédicateurs, professeurs et confesseurs.
1541 Troisième voyage de Cartier sous le commandement de Jean-François de Roberval avec pour mission d'établir une colonie de peuplement sur les rives du Saint-Laurent. Fondation de Charlesbourg-Royal, mais l'hiver et le scorbut déciment les colons ce qui met un terme à l'aventure.	**1541** Calvin rédige les *Ordonnances ecclésiastiques* qui font de Genève un État théocratique, où l'ordre spirituel et l'autorité temporelle en viennent à se confondre.

CARTIER ET SON TEMPS	LE MONDE

1542

Retour de Cartier en France avec ce qu'il croit être des diamants qui ne sont en fait que des morceaux de quartz. De là l'expression «faux comme les diamants du Canada». Le conquistador espagnol Francisco de Orellana descend au complet l'Amazone et atteint son embouchure après huit mois de navigation.

1542

Le pape Paul III rétablit le tribunal de l'Inquisition en lutte contre les hérétiques. On effraie les masses en frappant à la tête et la répression éteint les foyers de la Réforme en Italie et en Espagne. Les hostilités reprennent une quatrième fois entre François Ier et Charles Quint.

1543

Jacques Cartier vit dans son manoir de Limoilou, près de Saint-Malo, jusqu'à sa mort. Il fait des dessins pour le cartographe Pierre Desceliers et écrit ses récits de voyages. Le manoir est maintenant un musée canadien consacré à sa mémoire et à la découverte de l'Amérique par les Français.

1543

Nicolas Copernic publie son *De revolutionibus*, un ouvrage sur le mouvement des corps célestes, dans lequel il affirme que ce n'est pas la terre, mais le soleil qui est le centre du mouvement des planètes.

1544

Cartier comparaît devant un tribunal spécial et prouve qu'il s'est montré fidèle dépositaire de l'argent du roi.

1544

Nouveau traité de paix entre François Ier et Charles Quint à Crépy. Ce dernier n'a pas réussi à soumettre l'Italie.

1545

Parution du *Bref récit*, relation du deuxième voyage de Cartier sans nom d'auteur ni mention du capitaine à la tête de l'expédition.
À Potosi, en Bolovie actuelle, d'énormes gisements d'argent sont découverts. L'exploitation des mines est une prodigieuse source de richesse pour l'Espagne mais les travaux forcés déciment les indigènes par milliers.

1545

Ouverture du concile de Trente qui doit réformer l'Église catholique et adopter des mesures propres à combattre le protestantisme. La doctrine est définie, la discipline est restaurée et l'autorité des papes est renforcée. Il s'achèvera en 1563.

1547

Mort d'Henri VIII d'Angleterre et avènement d'Édouard VI.
Mort de François Ier et avènement de son fils Henri II, époux de Catherine de Médicis.

1549

Le jésuite François-Xavier débarque au Japon dans le but de prêcher le catholicisme. Devant le succès obtenu, il désire étendre la foi à tout l'Orient. Il meurt en Chine en 1552.

1549

Les poètes de la Pléiade travaillent, autour de Ronsard, à enrichir la langue française. Joachim du Bellay rédige le manifeste du groupe, *Défense et Illustration de la langue française*.

CARTIER ET SON TEMPS

LE MONDE

1555
La paix d'Augsbourg octroie la liberté de culte aux princes allemands.
Marie Ire Tudor (Marie la Sanglante) abroge toutes les lois religieuses d'Henri VIII et rétablit le catholicisme en Angleterre.

1557
Jacques Cartier meurt de la peste, âgé de 66 ans, dans son manoir de Limoilou près de Saint-Malo. Son épouse mourra en 1575. Ils n'avaient pas d'enfants.

1559
Traité du Cateau-Cambrésis entre Henri II de France et Philippe II, roi d'Espagne. Ils se restituent leurs conquêtes et toute l'Italie tombe sous influence espagnole.
En Angleterre, le vote de l'Acte de suprématie marque le retour au schisme. La majorité des Anglais se rallient à la religion de la reine Élizabeth Ire.

CARTIER ET SON TEMPS	LE MONDE

1562

En France, les protestants sont massacrés à Wassy. C'est le début de huit guerres de Religion qui se succéderont de 1562 à 1589, entre protestants et catholiques.

1598

Parution en français du récit du premier voyage de Cartier, après être paru en italien en 1556 et en anglais en 1580 et 1582.

1600

Parution du récit du troisième voyage de Cartier en anglais.

DISCOVRS
DV
VOYAGE

FAIT PAR LE CAPI-
TAINE IAQVES CARTIER
aux Terres-neufues de Canadas, No-
rembergue, Hochelage, Labrador, &
pays adiacens, dite nouuelle France,
auec particulieres mœurs, langage, &
ceremonies des habitans d'icelle.

A ROVEN,

DE L'IMPRIMERIE
De Raphaël du Petit Val, Libraire & Imprimeur
du Roy, à l'Ange Raphaël.

M. D. XCVIII.
AVEC PERMISSION.

Page de titre du récit du premier voyage de Cartier paru en 1598.

Éléments de bibliographie

ASSINIWI, Bernard, *Histoire des Indiens du haut et du bas Canada*, 3 vol., Montréal, Leméac, 1973-1974.

BERTHIAUME, André, *La découverte ambiguë*, Montréal, Pierre Tisseyre, 1976.

BRAUDEL, Fernand (dir.), *Le monde de Jacques Cartier*, Montréal/Paris, Libre Expression/Berger-Levrault, 1984.

CARTIER, Jacques, *Voyages en Nouvelle-France*, texte traduit en français moderne par Robert Lahaise et Marie Couturier, Montréal, Hurtubise HMH, 1977.

CARTIER, Jacques, *Voyages au Canada*, introduction et notes de C.-A. Julien, Paris, François Maspero, 1981.

CARTIER, Jacques, *Relations*, édition critique par Michel Bideaux, Montréal, Presses de l'Université de Montréal, coll. «Bibliothèque du Nouveau Monde», 1986.

CÔTÉ, Louise, Louis TARDIVEL et Denis VAUGEOIS, *L'indien généreux*, Montréal, Boréal, 1992.

DOUVILLE, R. et J.-D. CASANOVA, *La vie quotidienne des Indiens du Canada à l'époque de la colonisation française*, Paris, Hachette, 1967.

GAGNON, François-Marc, *Jacques Cartier et la découverte du Nouveau Monde*, Québec, Musée du Québec, 1984.

GAGNON, François-Marc et Denise PETEL, *Hommes effarables et bestes sauvages*, Montréal, Boréal Express, 1986.

National Geographic Magazine, «1491, America Before Columbus», Washington, octobre 1991.

JACQUART, Jean, *François Ier*, Paris, Fayard, 1981.

JACQUIN, Philippe, *La terre des Peaux-Rouges*, Paris, Gallimard, coll. «Découvertes», 1987.

JACOBSON, Timothy, *La découverte de l'Amérique*, traduit de l'anglais par Rosemarie Bélisle, Montréal, Éditions de l'Homme, 1991.

Journal d'un bourgeois de Paris sous François Ier, Paris, U.G.E., coll. «10/18», 1963.

LÉTOURNEAU, Lorraine, *Arts et cultures autochtones*, Montréal, Guérin éditeur, 1988.

POULIOT, Camille, *La grande aventure de Jacques Cartier*, Québec, J.-C. Pouliot, 1934.

La Renaissance et le Nouveau Monde, Musée du Québec, 1984.

Revue Forces, «Jacques Cartier et le Canada», n° 66, printemps 1984.

SIOUI, Georges E., *Pour une autohistoire amérindienne*, Québec, Presses de l'Université Laval, 1989.

Le souffle de l'esprit, Montréal/Paris, Québec/Amérique/Éditions Jean Piccolec, 1988.

TRIGGER, Bruce, *Les enfants d'Aataentsic*, traduit de l'anglais par J.-P. Sainte-Marie et B. Chabert Hacikyan, Montréal, Libre Expression, 1991.

Table

Avant-propos 9
1 Prologue 13
2 La barrière des îles 19
3 Saint-Malo 47
4 Hochelaga 61
5 L'hiver qui tue 101
6 Épilogue 129

Chronologie
Jacques Cartier (1491-1557) 143
Éléments de bibliographie 165

DANGER

LE
PHOTOCOPILLAGE
TUE LE LIVRE

Deuxième tirage

*Cet ouvrage
composé en New Caledonia
corps 12,5 sur 16
a été achevé d'imprimer
en novembre deux mille
sur les presses de
Marc Veilleux imprimeur,
Boucherville (Québec).*